LA NAVIDAD

Christmas in Spain and Latin America

Agnes M. Brady

Margarita Márquez de Moats

National Textbook Company
NTC a division of NTC *Publishing Group* • Lincolnwood, Illinois USA

1992 Printing

Published by National Textbook Company, a division of NTC Publishing Group.
© 1986, 1977 by NTC Publishing Group, 4255 West Touhy Avenue.
Lincolnwood (Chicago), Illinois 60646-1975 U.S.A.
Manufactured in the United States of America.

2 3 4 5 6 7 8 9 ML 9 8 7 6 5 4

Preface

The Christmas season is cause for celebration throughout the world, but nowhere are the festivities more varied and colorful than those in the Spanish-speaking world. *La Navidad: Christmas in Spain and Latin America* introduces you to the richness and diversity of Hispanic holiday traditions. Among them, you will learn about the *las posadas* processions in Mexico, about New Year's customs in Spain, and about the unique mixture of Indian and Spanish traditions that make up the Christmas celebration in New Mexico.

Besides these charming and informative descriptions of Hispanic traditions, *La Navidad* also offers you a varied selection of Spanish-language songs, poems, and playlets that can do much to enhance your own celebration of the Christmas season. You will discover the Spanish lyrics to such carols as *Noche de paz* ("Silent Night"), *El primer Noel* ("The First Noel"), and the Epiphany song *El día de los Reyes Magos* (with musical score). Also included are a modernized version of the medieval Nativity play *El auto de los Reyes Magos* and an adaptation of *El mes de diciembre en la Antigua Lima* by the Peruvian, Ricardo Palma.

La Navidad is written both in English and simple Spanish. To give you help reading passages in Spanish, a general Spanish-English vocabulary is provided at the back of the book.

All in all, *La Navidad* is a fascinating glimpse at Christmas celebrated with a Latin flare. It can also be a springboard to a happier holiday season for you and your family.

Contenído

La Navidad en España

Cuando se acerca el tiempo de Navidad en España no vemos a la gente ocupada en proveerse de regalos ni las tiendas llenas de personas tratando de comprar tarjetas y recuerdos para obsequiar a sus amigos, porque en España la Navidad en general no se celebra cambiando presentes. La Navidad es una fiesta de alegría en la que los niños y los necesitados, las personas de respeto y que han hecho algo por nosotros, tienen lugar prominente. Recuérdase desde la infancia haber visto a la madre ocupada en hacer los preparativos para la Navidad: el regalo que se había de dar a los queridos maestros que tanto se afanaban y con tanta paciencia para enseñar a sus alumnos era por lo general una gran caja de mazapán o un hermoso pavo. El padre se ocupaba de buscar algo para obsequiar al médico de cabecera que había venido a asistir en las pequeñas indisposiciones de niños a las altas horas de la noche: el padre regalaba al médico algunas libras del mejor turrón o una hermosa caja de puros habanos. Después, venían los regalos a los humildes que trabajaban por la familia: los sirvientes, que de antemano habían enviado su tarjeta felicitando a la familia a fin de que no se olvidase el deber hacia ellos cuya suerte era inferior. Generalmente los regalos al servicio se hacen en forma de dinero llamado el aguinaldo (de un duro para arriba). Las personas que lo reciben son el sereno que vela la calle, el cartero, el policía del barrio, el portero, y todos los criados de dentro de casa. Luego vienen las suscripciones de caridad para las comidas que se dan cada año a los que no tienen hogar ni dinero para celebrar la Navidad con rumbo español.

Y luego viene Nochebuena, la noche del 24 de diciembre en la cual a las doce se celebra el cumpleaños de Nuestro Señor. Nadie en esa noche duerme, porque en cada casa se celebra una cena bastante tarde, cena espléndida con convidados alegres, música y programa informal, frente al Nacimiento que brilla con sus lucecitas y su gran estrella en una mesa a un lado del comedor o la sala de banquete. Después de la cena a medianoche se va a la misa del gallo. Como en la mayor parte de España no hace aún mucho frío esa noche, las calles están llenas de gente y se oyen muchas músicas de solos y coros, de zambombas y panderetas, palillos y triángulos haciendo ruido.

> Suena la pandereta,
> ruido y más ruido,
> porque las profecías
> ya se han cumplido.

El día 25 es un día de fiesta también, pero suele serlo de

la alta aristocracia que da sus comidas de honor y sus grandes recepciones. El Nacimiento que se pone en cada casa continúa expuesto hasta Reyes, el 6 de enero. Es costumbre sobre todo entre las clases humildes y aun parte de la clase media permitir a cualquier persona entrar a ver el Nacimiento y cantar algún villancico ante él con más o menos espíritu religioso. Hay personas que tienen fama por su buena voz y mejor humor en el barrio que todos los días hacen el recorrido y cantan los villancicos en varias casas. Algunas familias van a la que mejor Nacimiento tiene y más concurrida ve su casa por vecinos alegres durante las Pascuas. En la hora de visita se suele pasar la bandeja de turrón y mazapán y algún licor ligero.

El día 28 de diciembre es el Día de los Inocentes—los Santos Inocentes—, el "April Fool" español, cuando se suele ir a pedirles aguinaldos a los abuelos y parientes favoritos, siempre generosos y amantes de los niños. En este día se mandan cartas muy chistosas donde se derrocha el ingenio en bromas a los amigos, y como las cartas no llevan firma o si la llevan es falsa, se pasa uno el día tratando de adivinar de quién es el chiste oportuno.

Los Reyes—el Día de los Tres Reyes Magos—viene el 6 de enero; pero los Reyes vienen el 5 por la noche mientras lo niños duermen. Son tres, Gaspar, Melchor y Baltasar, que cabalgan en sus camellos y pasan en su camino hacia Belén dejando en las botas, que los pequeños han puesto en el balcón, los regalos que los niños han pedido ya por carta, ya por oración. En las grandes poblaciones con el dinero del ayuntamiento o de la caridad se costea una procesión de reyes magos en los camellos del jardín zoológico que pasan por los barrios pobres depositando presentes para los niños de familias menos afortunadas. El Día de los Reyes Magos también a veces las personas mayores reciben obsequios aunque no es general.

¡Qué aspecto más alegre ofrece cualquier ciudad española el día seis de enero por la mañana! Generalmente el sol brilla y por las calles convertidas en bazares pasan niños y más niños acompañados de alguna persona mayor que van a enseñar a sus amiguitos lo que les han traído los reyes. ¡Y van sonando sus trompetas y pitos haciendo funcionar sus máquinas en la acera, besando sus muñecas y gritando de alegría!

La Nochebuena en España

SCENE: *the patio of a Spanish home. Four servants and two cooks enter in procession carrying a large live turkey on a tray. The turkey is placed on a table in the center of the stage and the servants and cooks with stiff, solemn dance steps—they may even be grotesque—pay homage to the turkey. The cooks go through the ceremonious custom of feeding him Jérez wine at certain intervals in the dance. The custom of feeding wine to the turkey is to make the meat more tender and white.*

Church bells are heard ringing in the distance. It is the end of Midnight Mass; the family will soon return, to bid farewell to Señor Turkey. The servants and cooks take their places along the back of the stage. Pause. Church music is played softly off stage.

READER: Midnight Mass is over, and the families quietly return to their homes, to prepare for the feast of Christmas day and the distribution of gifts to the servants . . .

(*Enter the family: a large family consisting of parents, aunts, uncles, grandparents, small children, and six young girls. All the women are dressed in black and wear black veils over their heads and carry prayer-books. The six girls are dressed in black silk dresses of similar style and they, too, wear black veils. The children are in white and wear slippers which can easily be removed for the final scene.*) Present-giving is not a custom on Christmas day in Spain, but on January sixth. Christmas is a day for remembering the less fortunate. However, the feasts of the day are of great importance. The turkey, so universally loved and enjoyed, is a Spanish bird. It was first discovered in Mexico by the Spanish conquerors, was brought back to Spain, was domesticated there and then was sent out to grace the Christmas table of the whole world.

Our scene is the *patio* of any Spanish home. The family and relatives have returned from Midnight Mass. (*Sacred music ceases, and low pastoral chords are played.*) The hearts are gay! The servants have already brought in the gorgeous bird. They have been giving him sips of delicious and most-coveted Jérez wine to render the meat more palatable and tender. The time is approaching for the decapitation of Señor Turkey! The dressing of chestnuts and walnuts is waiting to be stuffed into its huge new home; the broth prepared some hours ago is waiting to baste the beautiful bird. The air is full of anticipation and joy. (*During the reading of the last few lines, the servants have marched grotesquely around the bird, carrying large kitchen kettles presumably filled with the dressing and the broth; the cooks throw farewell kisses at the turkey.*) The members have taken their places around the patio to bid *adiós* to the festive bird. (*The six girls do their dance—directions for the dance will be given at the end.*)

The decapitation is about to take place! Behold the cooks, the hangmen! (*The cooks do the same dance, as the six girls have done it, but instead of veils, they use an ax and cooking utensils. At the end of the dance, the bird is carried off in dignified procession by the cooks and the servants.*) The festive bird is carried off amid shouts of mirth and glee.

The time has now come for the children. They distribute gifts among the servants of the house, (*The servants re-enter to accept their gifts, usually money.*) and for their reward a great surprise comes, in the person of Merlín, the wise man, who enters in true holiday spirit with favors, sweets and fruit which fall from his magic hat. (*Merlín in carnival costume skips in amid shouts of glee. He carries a huge magic hat from which fall his gifts for the children. Merlín may do an acrobatic dance before the children as he distributes the gifts.*)

Then Christmas Day comes, with all the solemnity due it, for it is a day of church attendance . . . and Christmas passes, but not so, the Christmas spirit. The Infant Jesus remains in the Crib always until January 6th. (*Here the curtain may be lowered, to be raised on a Nativity scene, or, if possible, the back drop may be raised at this moment to show the Nativity.*) On the Eve of the Epiphany, the little children, in eager anticipation of the passing of the Magi, prepare for bed with as much enthusiasm as our North American children

prepare for Santa Claus. They bring straw and grass to
the balconies or the *patios* of their homes, and there they
make nests, so that the camels of the three wise kings
may have food to sustain them on their long journey.
(*The children do as directed.*) Then the children place
their shoes near the nests so the Magi will see them and
fill them with gifts . . . If a child has been naughty, he
may expect to find his shoes filled with coal, placed there
by the black King Baltasar . . . (*Exit the children. The
lights become very dim. Enter the three Magi with bags
of gifts.*) When all is quiet, then, you can see the three
Magi coming again across the desert from the land of
palms, bringing gifts to gladden little hearts, just as
they brought their gifts of myrrh, incense and gold on
that first Christmas in Bethlehem. (*The Kings fill the
shoes with gifts, and the curtain falls. As the curtain
falls, the group is heard singing off stage:*

Villancicos

La Nochebuena se viene,
la Nochebuena se va;
nosotros también nos vamos,
pero no volvemos más,
pero no volvemos más.
(*Also:* En el portal de Belén, *etc.*)
En el portal de Belén
hay estrella, sol y luna,
la Virgen y San José,
y el niño que está en la cuna.

La Virgen está lavando

y tendiendo en el romero;
los pajaritos están cantando
y el agua pasa riendo.

Pastores, venid a adorar,
llegad a adorar al Niño
que está en el portal,
al Niño que está en el portal.

Madre, a la puerta está un Niño,
más bonito que el sol,
que dice que tiene frío,
que quiere sentarse al fuego.

El Niño está tiritando de frío,
de frío está tiritando el Niño.
Pues, dile que entre, que entre,
que se calentará sentado al fuego,
porque en esta tierra aún hay caridad.

(Music of 16th century Folksong.)

Los pastores daban saltos
y bailaban de contento,
al par que los angelitos
tocaban los instrumentos.

Dance

(For a group of six; music—Fox trot time.)
Dance arranged by Margaret Louse Fitzsimmons.
Six dancers move to triangle formation.
Step R. point L.; veil held high. R. arm in 5th, L. in open
3d-1M
Step L. point R.; veil held high. L. arm in 5th, R. in open
3d-1M
Repeat above 2 measures; veil held low in both hands over
R. toe, then over L. toe   -2M

STEP ONE:

All move about triangle to own R.; arms akimbo, hands low
    on thighs, fingers forward, veil over R. wrist. Pass about
    partner R. shoulder to R. shoulder.

Step R., hop on R. and cross L. over in front of R. and step
    on L.   -1M

Repeat above measure 3 times   -3M

Move to R. to new partner

Step sideward R. on R., draw L. across in front of R. and
    place weight on L.; L. arm remains in former position,
    R. arm circles veil about in circle inward, up and out
    about   -1M

Repeat above measure twice   -2M

Stamp in place R., L., R., L.   -1M

Repeat above 8 measures twice completing triangle prom-
    enade   -16

STEP TWO:

All face R. and move forward to new partner.

Step R. forward, slide L. in front and step on L. turning -1M

Step R., L. completing turn   -1M

Repeat above 2 measures   -2M

Join R. hand with R. of new partner, turn about in complete
    circle stepping forward R., L., R., L., R., L., R., L.; use
    an easy knee movement and click or stamp the heels,
    look at partner   -4M

Repeat above 8 measures twice returning to original partner
    at starting place   -16

Veils are circled twice in R. hand through center on first 4M
    and are held in R. on second 4 measures

STEP THREE:

Partners face line of direction; join hands, R. to R. low front

and L. to L. high back. Move forward about triangle to
   place.
Step sideward R. across L. in front of R. Step sideward R.
   point L.   -2M
Reverse above measures to L.   -2M
4 gliding steps forward R., L., R., L.,   -2M
4 stamps or heel clicks forward with easy knee action   -2M
Repeat above 8 measures twice   -16M
Veils are held high in R. hands

FINALE:

All face center of triangle, move forward, arms akimbo, veils
   over R. wrists.
6 steps stamps forward, R., L., R., L., R., L., 2 in place turning about to R. stamping R., L.   -4M
Hold, swinging veil high over head in R. arm through center
   on this last M.   -1M

2

La Navidad en México

READER: On the night of the Sixteenth of December begin
the *posadas,* and they continue until Christmas Eve.
Posada is the Spanish word for "inn" and it has its
origin in the Biblical story of the nine-day journey of
Saint Joseph and the Blessed Virgin Mary from Nazareth to Bethlehem, seeking lodging from inn to inn. So,
after dark, a procession is formed, everybody including
the tiniest children taking part. The procession is led
by two children carrying a little tray, decorated with
pine twigs, upon which are represented Mary riding a
small burro followed by Joseph and the Angel. These
are small clay figures. All those in the procession carry
lighted candles and come singing a litany. (*The Kyrie*

Eleison of the Catholic Mass Service is sung and played off stage.) The weary travellers have, by this time reached the home of a hospitable friend, who has been awakened by the singing. The window is thrown wide open; the host shouts:

> Blow the whistles
> And play the tambourines,
> For there is coming to earth
> The King of all Kings.

Before the travellers enter to participate in the carnival festivities, all kneel to say some Ave Marías and Our Father.

Dios te salve, María, llena eres de gracia; el Señor es contigo, bendita tú eres entre todas las mujeres, y bendito es el fruto de tu vientre, Jesús. Santa María, Madre de Dios, ruega por nosotros, pecadores, ahora y en la hora de nuestra muerte. Amén.

Padre nuestro, que estás en los cielos, santificado sea el tu nombre; venga a nos el tu reino; hágase tu voluntad así en la tierra como en el cielo. El pan nuestro de cada día dánosle hoy, y perdónanos nuestras deudas, así, como nosotros perdonamos a nuestros deudores. Y no nos dejes caer en la tentación. Mas líbranos de mal. Amén.

(*Some of the songs given in the first part may now be sung, before the group enters the home, unless a solemn air is desired.*)

READER:

> Oh, Mary, queen of Heaven,
> Full of glory and sweetness,

The holy night now has come,
Of thy confinement, Virgin pure.

CHORUS:

Válgame, nuestra Señora,
válgame, el Señor San José,
nuestra Señora nos valga,
y la Virgen del Remedio.

SCENE: *a street in any Mexican town or city. It is early evening, any of the nine nights preceding Christmas. Several booths can be seen about the stage where shopkeepers, during the day, sell candy, sweets, confetti, little statues, etc. representing the Nativity. Street lights and lights shining through the doors and windows of the homes illuminate the stage.*

READER: The Celebration of each anniversary of the birth of our Lord is, in Mexico, both a religious and a mirthful festival. The ceremonies begin with a commemoration and a repeating of the pilgrimage begun on the sixteenth of December and continuing until Christmas Eve; these are followed by a solemn, religious observation of Christmas Day, and the activities go on until the Epiphany, the sixth of January, when the three Magi pass again in the silence of the night bringing gifts for the children.[1]

All is a period of joy and feasts; the merrymaking of a carnival is heard on the streets, in the parks, and in the homes of all Mexico. (*Laughter, shouts, music, etc.*) Yet, underlying the mirth there is a religious element, as on all Spanish feasts.

---

[1]A variation for this first part of merrymaking is suggested at the end, in the form of a more religious observation.

On the night of the sixteenth of December begin the *posadas* and they continue each night until Christmas Eve. *Posada* is the Spanish word for "Inn" and it has its origin in the Biblical story of the nine-day journey of Saint Joseph and the Blessed Virgin from Nazareth to Bethlehem, seeking lodging from inn to inn.

So, a group of friends, each of the nine nights, form a procession and go to the homes of their friends seeking entrance. They enter led by Saint Joseph and the Blessed Virgin. They all carry lighted candles; some of them carry little clay or wooden images to represent the Nativity scene which will be constructed later. (*Enter a group of people, some dressed to represent the characters of the Nativity story: Joseph, Mary, the shepherds, the Magi, etc. They all come slowly and quietly and assemble in front of one of the windows. It would be better if two or three can be dressed as musicians and play some musical instrument. The stage is almost dark so that the effect of the lighted candles will be noted.*) The procession has been going from house to house singing as they go, and presumably asking for hospitality, as long ago Joseph and Mary went from inn to inn seeking lodging.

> ¿Quién les da posada
> a estos peregrinos,
> que vienen cansados
> de andar los caminos?

The first "innkeeper" (*He appears at the window.*) shakes his head violently as he sings:

INNKEEPER: (*Sings.*) (*The score for the following songs will be given at the end.*)

> Por más que digáis
> que venís rendidos
> no damos posada
> a desconocidos.

JOSEPH:

> En nombre del cielo,
> os pido posada,
> pues no puede andar
> ya mi esposa amada.

READER: But the "innkeeper" is cold and persistent in his refusal.

INNKEEPER: (*Sings.*)

> Aquí no es mesón,
> sigan adelante;
> yo no puedo abrir,
> no sea algún tunante.

READER: The travellers are tired and they begin again.

CHORUS:

> No seas inhumano
> y ten caridad,
> que el Dios de los cielos
> te lo premiará.
> que el Dios de los cielos
> te lo premiará.

READER: And the "innkeeper" gruffly answers:

INNKEEPER: (*Sings.*)

> Ya se pueden ir
> y no molestar,
> porque si me enfado
> los voy a palear.

READER: Then he closes the window noisily upon them, and they, weary, go on to seek lodging elsewhere, as Saint Joseph says:

Weary and worn we go on our way,
Lodging to seek wherever we may;
A carpenter from Nazareth I am,
Journeying afar to Bethlehem.
Mary, my loved one, needs shelter tonight—
We beg you to help us, in our sad plight.

The travellers have supposedly gone to nine different homes, only to be sent away from each with the same rebuff. They have arrived now at a more friendly home, (*They stand around a window at the other side of the stage and sing.*) and they all sing hopefully now.

CHORUS:
Posada te pide,
amado casero,
por una sola noche
la reina del cielo.

JOSEPH: (*Sings.*)
Mi esposa es María,
la reina del cielo;
madre va a ser
del Divino Verbo.

READER: The "innkeeper" joyfully shouts as he recognizes Saint Joseph.
¿Eres tú, José?
¿Y tu esposa María?
Entren, peregrinos,
no los conocía.

>Posada os damos
>con mucha alegría;
>entra, José justo,
>entra con María.

Happiness spreads over all the group as they sing:

INNKEEPER: (*Sings.*)

>Entren, santos peregrinos;
>reciban esta ovación,
>no de esta pobre morada
>sino de mi corazón.

CHORUS:

>Esta noche es de alegría,
>de gusto y de regocijo,
>porque hospedamos aquí
>a la madre de Dios Hijo.

(*A quick change of scene should now be made to rep-*
resent the interior of the house. Lights are bright. The guests
are hurrying about making the Nativity scene with the little
clay figures that they have brought with them.)

READER: The procession has entered and here, on a table,
    they make the representation of the little Crib at Beth-
    lehem . . . and when they have finished, they form a
    group around the Crib and sing with deep, reverence:

> "Noel, Noel," etc.
> and "Noche de paz, noche de amor . . ."

The three Magi have entered, meanwhile, and are making
their gifts of gold, myrrh, and incense to the Holy Child in
the Crib.

At the end of each representation of the *Posada,* comes the *Piñata,*[1] which is a noisy, hilarious game dear to the heart of every child. It is the Mexican "Christmas tree," filled with all the sweets and dainties that the Mexican shops can offer. The *piñata* is made of clay or heavy paper and may be in various fantastic shapes of many colors, chiefly green, red and yellow. It is brightly bedecked with Christmas decorations. (*A piñata will be seen hanging from the center and above the heads of every one present.*) All the guests assemble now around the *piñata* and one, chosen from the group, is blindfolded and whirled around three times. He is given an opportunity to break the *piñata* with a long pole which was handed to him, while the others, in a tantalizing manner, poke fun at him with these verses:

CHORUS:

> La piñata de esta noche
> parece una estrella.
> Vengan todos a gustar
> y divertirse con ella.
>
> Dale, dale, dale, (*Laughter.*)
> no pierdas el tino;
> mide la distancia
> que hay en el camino.

(*The group dances around the piñata in a circle holding hands, while one, blindfolded, in the center, tries to break*

---

[1] A piñata can be easily constructed. Usually they have the form of an animal or an animal head, and may be made of plaster of paris or even a paper bag that comes from a grocery store. The piñata is gaily decorated with streamers of crepe paper or foil.

the piñata. He fails, and another is chosen from the group,
blindfolded, whirled around three times, etc., etc.)

CHORUS:

> Con ojitos vendados
> y mano en el bastón,
> para darle a la piñata
> sin tenerle compasión.
>
> Dale, dale, dale, (*Laughter.*)
> no pierdas el tino;
> mide la distancia
> que hay en el camino. (*Pause.*)

READER: She fails in her attempt and another is chosen. The
singers admonish that the *piñata* must be broken without compassion if its precious contents are to be shared
by the hungry fun-makers.

> Hora y luego, ¡qué buena piñata!
> Se mece coqueta colgada en la reata;
> hora y luego a darle seguido, a ver
> quién la rompe con garbo y tino.
> ¡Ay, qué bueno, ay, qué bueno,
> el surtido que tiene por dentro!
> ¡Ay, qué bueno, ay, qué bueno,
> el surtido que tiene por dentro!

At last! Some one is successful! The *piñata* gives up its secret.
Every one rushes and screams, to pick up his share of the
sweets.

As the party progresses far into the night, so also increases
the mirth and the merrymaking; singing and dancing form
an important part of the entertainment. (*At this point, a
song may be sung or a solo dance or a group dance given.*

A variation for the ending of this little pageant may be the scene of the Magi coming to worship at the Crib:)

LOS TRES REYES:

> Magos somos, reyes, los tres,
> de tu estrella vimos la luz
> que nos guiaba a adorarte,
> Niñito, rey, Jesús.

MELCHOR: (*Making his offering at the Crib.*)

> ¡Oh, maravilla, luz y amor,
> nuestra estrella guiador,
> a Belén nos conduciste,
> a los pies del Salvador.

> Rey, nacido en Belén,
> oro pongo a tus pies;
> reina en nuestros corazones,
> Rey de los reyes, amén.

GASPAR: (*Making his offering of incense.*)

> Yo incienso ofrezco a Ti,
> el incienso nuestra Deidad;
> yo Te pido bendiciones
> para la humanidad.

Las Posadas
(Guitar Accompaniment)

¿Quién les da posada   que vienen cansados,
a estos peregrinos,   de andar los caminos,
que vienen cansados,   de andar los caminos?

Válgame Nuestra Señora
(Music for the prayer.)

(*The presentation now continues the same as Scene II of the interior of the house.*)

Entren, Peregrinos and Esta Noche es de Alegría

La Piñata

La piñata de esta noche
parece una estrella. Oh,
vengan todos a gustar
y divertirse con ella.
La piñata de esta noche
parece una estrella.

La Piñata

Hora y luego, ¡qué buena piñata!
Se mece coqueta colgada en la reata;
hora y luego a darle seguido, a ver
quién la rompe con garbo y tino,
garbo y tino.
¡Ay, qué bueno, ay, qué bueno,
el surtido que tiene por dentro!
¡Ay, qué bueno, ay, qué bueno,
el surtido que tiene por dentro!

Old Spanish Folksong
(Can be sung to any
of the songs on pages 18, 19, 20.)

Flor de Nochebuena

La poinsettia es una flor mexicana; los aztecas la llamaron Cuitlaxochitl (o flor falsa). Hoy es conocida en México con el nombre de flor de nochebuena porque abunda durante las fiestas navideñas.

Gracias a los esfuerzos del señor Joel R. P. Poinsett (1779-1851) primer embajador estadounidense en México, esta hermosa flor es conocida en los Estados Unidos, y ha sido justamente nombrada en su honor.

El señor Poinsett fue el primero en enviarla a su país en la variedad de sus colores: color de rosa, morada, roja, amarilla y blanca. Además las cultivó por varios años en su hacienda en el estado de Carolina del Norte.

Los estados de California, Florida y Luisiana, poseen un clima excelente para el cultivo de la poinsettia, y en los lugares fríos las cuidan con esmero en invernaderos para que podamos gozar de su belleza durante las Pascuas.

La Ofrenda

"¿Qué haré con estos centavos?" pensaba la niña mientras contaba sus brillantes moneditas de cobre pulidas con arena y lavadas con jabón. Moneditas limpias que sumaba y multiplicaba por cientos en su imaginación.

"Mañana iré al mercado, compraré una alcancía con lindos dibujos . . . Y cuando la llene compraré el par de zapatos con moñito blanco que vi en la tienda cerca del mercado."

Los últimos suspiros de la tarde cubren los rojizos tejados de la aldea. Las campanas de la vetusta iglesia llaman insistentes a los fieles a la oración.

"Traigan los regalos para el Niño Dios," dijo el cura, "los presentaremos mañana cerca del Nacimiento donde luzcan mejor. Las niñas marcharán vestidas de blanco hasta el altar en señal de adoración."

La niñita bajó la cabeza. "¿Qué regalo puedo comprar con mis treinta centavos?" Una inmensa tristeza nubló su alegría . . . ¡Tristes sonaban las campanas!

Por fin el día esperado había llegado. La pequeña corriendo fue al mercado empuñando su pañuelo de centavos. Su vista recorrió los puestos de dulce, frutas y lozas. Cerca del puesto de juguetes, las rosas entreabiertas lucían en la frescura matinal sus brillantes gotas de rocío como límpidos diamantes.

En el suelo, casi escondida, una plantita apenas sí asomaba sus violetas entre las anchas hojas de esmeralda. "¡Qué belleza!" exclamó al contemplarla.

Las sonoras campanas anuncian la procesión y la chiquita lleva su humilde ofrenda. Al depositarla, un rayo de luz divina penetró hasta el altar posándose en las manos y las violetas de la niña. Y se escucharon las dulces voces infantiles que alababan a Dios diciendo: "¡Gloria a Dios en las alturas!"

3

La Navidad en Nuevo México

Las Luminarias

Durante la Navidad, Nuevo México hace alarde de su rica tradición española; sus ciudades adornadas con miles de luminarias ofrecen un bello espectáculo.

La luminaria consiste en una bolsa de papel llena de arena en cuyo centro se sostiene una vela que al prenderse le da el aspecto de ún farol. Estas adornan las entradas principales de las casas, patios, escaleras y otros lugares de interés. Las luminarias de hoy son una remenicencia de los antiguos fuegos españoles. Ellos acostumbraban a amontonar ramas secas de piñón a lo largo del camino de la procesión; y al momento oportuno prendían fuego a las ramas para que iluminaran el paso del Niño Dios.

Albuquerque es la ciudad que celebra esta tradición con mayor entusiasmo. Visitantes de todas partes de los Estados Unidos llegan a Nuevo México para admirar el espectáculo Navideño.

Las autoridades civiles hacen grandes esfuerzos para que todos gocen de la engalanada ciudad que recuerda con sus luces el nacimiento de Jesús.

El Baile de los Animales

En el estado de Nuevo México, en la reservación de Jemez, los niños indios esperan con impaciencia el baile de los animales que da fin a las fiestas de Navidad y principio a las danzas de la caza.

Hombres y jóvenes adornados con cabezas de animales danzan al son de monótonos tambores y sonajas. Cada movimiento es simbólico del animal que imitan. Los pájaros, cabras, venados, antílopes bailan alrededor de una mujer que se representa ser la madre de todos los animales. Ella baila despacio con los ojos fijos al suelo, mientras dos bufalos la acompañan.

Los niños vestidos de venaditos corren a unirse con los otros animales en el baile. En este momento el joven águila los guía al lugar que les corresponde en la danza.

Coloquio de los Pastores

En Nuevo México todavía se repesentan composiciones literarias dialogadas que fueron traídas por los españoles poco

después de la conquista de México, y de aquí pasaron al suroeste de los Estados Unidos.

Un ejemplo de esta literatura es "Los Coloquios de los Pastores" que es representado durante la Navidad narrando la peregrinación de los pastores y sus peripecias en el camino a Belén.

Bartolo, uno de los pastores, representa al hombre indolente que prefiere lo carnal a lo espiritual, pero finalmente reconociendo sus faltas, implora perdón frente al pesebre del Niño Dios. Las riñas entre el arcangel Miguel y Luzbel son muy divertidas, tiene preponderancia lo cómico a lo religioso. El elemento humorístico mantiene la atención de los oyentes durante toda la representación.

Protagonistas:

Mayoral	Silvo	Ireno
Rufiano	Pascual	Angel
Mungiano	Gila	Luzbel
Bartolo	Salcireno	Silvestre
Blanca Flor	Ermitaño	Indio

(Luzbel está sentado a corta distancia de los pastores.)

PASTORES:
Del cielo la gloria al suelo

[1]From *Coloquios de los Pastores*, musical transcription by Hermenegildo Corbató. Published by the University of California Press at Los Angeles. The coloquios and autos and other similar dramatic types were composed in Spain during the thirteenth, fourteenth, and fifteenth centuries. Many, similar to the coloquios were brought to the New World and influenced some *criollo* authors, such as Sor Juana Inés de la Cruz. She was of the first *criollo* writers who used many dialects and languages. She used Castilian and many Black and Indian dialects. Her works are a veritable treasure trove for dialectal and phonetic studies.

Ha bajado, ¡Qué fineza!
Ha bajado, ¡Qué grandeza!
Por darle al hombre consuelo.

MAYORAL:

Siento muchas alegrías,
Hermanos, en la ocasión,
Pues ya parece que son
Cumplidas las profecías.

GILA:

El sol no me causa pena
Pues su crueldad me cala.
Si os parece noche mala
Para mí es la Nochebuena.

PASCUAL:

Has dicho, Gila, muy bien
Pues la Nochebuena espero
Porque un hermoso lucero
Nos encamina a Belén.

RUFIANO:

Pues ya no hay más que esperar,
Las señas son evidentes.
Los Reyes son del Oriente
Que a Belén a adorar.

MUGIANO:

Sigamos nuestros destinos
Y no paremos un rato.
Sigamos todos a Bartolo
Que él bien sabe los caminos.

BARTOLO:

Pues ya muy bien se pueden callar

Y dejarse de mitotes
Porque yo les he de dar
Cuatrocientos mil azotes
Si me hacen impacientar.

BLANCA FLOR:

Váyanse parando, hermanos,
No le hagan caso a Bartolo.
Déjenlo en el campo solo
A ver que hace en estos llanos.

BARTOLO:

Eso es lo más acertado,
Ahora me voy a dormir.
Así muy bien se pueden ir
Y yo me quedo acostado.

SILVESTRE:

Vamos a ver al niñito,
A su madre y dulce esposo,
Porque están llenos de gozo
Adorando al chiquito.

BARTOLO:

Pues ya dije mi porfía
Y me levanto al instante
Para ir a ver a ese tierno infante,
También a José y María.

SILVO:

Que nos toquen caminata
Para poder partir
Que así hemos de divertir
Lo que el camino maltrata.
(Todos los pastores comienzan la caminata.)

Vamos caminando,
Hermanos pastores,
Por aquí estos campos
Hay lucidas flores.
Miren qué primores
Hay por el camino,
El poder divino
A los pecadores.
Y los corderitos
Que nos vienen guiando,
Vámoslos juntando
a los pobrecitos.
Ya no caminemos,
Suspender el paso,
Cese la fatiga
Tomemos descanso.

MAYORAL:

Parece que hemos llegado
A esta majada florida
Pues que hay a la medida
Para asentar el ganado.

PASCUAL:

Gila, pongamos la lumbre
Que ya el frío me atormenta
Y también el hambre me aprieta
Alrededor de esta cumbre.

GILA:

Ya no quiere arder la lumbre.
El humo me ha hecho llorar.
Busquen por ahí unos leños
Si acaso quieren cenar.

SALCIRENO:

Despaciosa estás, hermanita,
Pues ya la helada me entume.
Dame de cenar, Gilita
Que ya el hambre me consume.

RUFIANO:

Yo traigo en mi costalito
Lechuguitas y zanahorias.

MUNGIANO:

Yo también traigo en el mío
Muy regaladas cebollas.

SILVO:

Y si el aceite en vinagre
Sin duda yo lo pondré
Y la miel para endulzarlo
De mi bultito echaré.

ERMITAÑO:

Bellas luces de la gloria
Que iluminan todo el mundo,
¿Qué es esto en que me confundo?
¿Qué acaso lo soñaría?
¿Pero qué es esta alegría
Que habita en mi corazón?
Sin duda es revelación
Del alto cielo divino.
Yo de todo determino
El dejar mi habitación
Pues estando en oración
Vide entrar tan claras luces,
Divino sol de justicia,

Y así con esta noticia
Yo para Belén me voy.

PASTORES:

Señor, somos pasajeros
Juntamente con pastores.

ERMITAÑO:

Dios mueva sus corazones,
Dios aumente su paciencia.
Hermanos os de licencia
Que hospede este peregrino
Que es muy larga su morada
Y de frío bien entumido.

IRENO:

Al fin parece ermitaño
Según el traje que trae.
Hermano, pasa por aquí
Mientras se te da un bocado.

ANGEL:

Gloria a Dios en las alturas
Y paz al hombre en la tierra.

LUZBEL:

Eso no podrá sufrir
La soberbia y rabia mía.
Que se le dé en este día
Adoración al Creador
No lo pretende mi honor,
Y tú, sabiendo quien soy,
¿Cómo os atrevés así
Decir delante de mí
Las blasfemias que has hablado?

Pues, ¿quién es mayor que yo?
¿Quién a mí se ha de oponer?

ANGEL:

¡Calla, serpiente venenosa!
Pues por nombre de María
Se ha humanado el Dios Eterno
A quien el divino Verbo
Escogió para su esposa
Como una cándida rosa
Sin eclipsar su pureza
El dote de su sutileza.

LUZBEL:

Basta de tanto tormento.
¿Cómo es posible Miguel,
El que me quieras tener
Cautivo en el nacimiento?
No basta de estar sujeto
A mi desdicha y afán?
Te prometo que jamás
Le he de hacer más daño al hombre.
Me iré a sepultar en donde
De mí no sepas más.
Muera yo rabiando, muera,
Por infiel desobediente,
Y abrazado en vivas llamas
Y en un fuego para siempre.

PASTORES:

Un ángel nos ha avisado
Que en el portal de Belén
Hoy ha nacido el Mesías
Para nuestro bien.

Vamos, hermanos amados
Con mucho gozo y contento
A ver al Dios humanado
En su nacimiento.
Allí está envuelto en pañales
En este santo portal.
Está con ciertas señales
Del ángel sagrado.
¡Miren que divina luz
Contempla en sus resplandores!
Ya será el Niño Jesús
Llevémosle flores.
Aquí estas, divino niño
Tela del sagrado amor.
Recibe un grato cariño,
Vida y Corazón.
Miren la burrita hincada
Adorando al tierno niño.
Tiene una mano doblada
En señal de cariño.
Un buey también hay a su lado
haciéndole compañía
Y calienta con su vaho
Al niño de María.
Oigan cantando toditas
Coplas de alegría.

ERMITAÑO:

Hermanos, pues ya ha nacido
Y sumo bien veamos,
Pues que le llevamos
Para poderlo ir a ver.

MAYORAL:

> Yo le llevo un gorrioncito,
> Y tú, Pascual, ¿qué le llevas?

PASCUAL:

> Una mansa palomita,
> Salcireno, y tú, ¿qué le llevas?

SALCIRENO:

> Un resplandor al Señor
> Y tú, Rufiano, ¿qué le llevas?

RUFIANO:

> Un humilde corderito,
> Y tú, Mungiano, ¿qué le llevas?

MUGIANO:

> Un velloncito de lana,
> Y tú, Ireno, ¿qué le llevas?

IRENO:

> Un humilde conejito,
> Y tú, Silvestre, ¿qué le llevas?

SILVESTRE:

> Aquí estas lucidas flores,
> Y tú, Silvo, ¿qué le llevas?

SILVO:

> Este bultito de miel
> Y tú, Ermitaño, ¿qué le llevas?

ERMITAÑO:

> Yo no tengo que llevar
> Porque soy muy pobrecito.

Le llevaré este librito.
Que desde hoy empieza a contar,
Y tú, Bartolo, ¿qué le llevas?

BARTOLO:

Yo le llevaré una bolsa
Con sus correas amarillas
Para que eche sus cuartillas
Si fuere afecto a guardar.
Y tú, Blanca, ¿qué le llevas?

BLANCA:

Mantillitas y fajeros,
Y tú, Indito, ¿qué le llevas?

INDITO:

Yo le llevaré una gurdita.
No tengo más que llevar,
Me la hizo Nana Pachita
Para poderla almorzar.

ERMITAÑO:

Pues vayan llegando
Con dulces canciones
A ese tierno niño,
Ofrézcales dones.

MAYORAL Y PASCUAL:

En Belén Jesús nació,
Bartolo, vamos allá.
En Belén nació Jesús,
Bartolo, vamos allá.

BARTOLO:

Si yo no soy curandero,

> ¿A qué tengo que ir allá?
> Si yo no soy curandero,
> ¿A qué tengo que ir allá?

IRENO Y SALCIRENO:

> En Belén está un bautismo,
> Bartolo, vamos allá.

BARTOLO:

> Si me quieren dar el bolo
> Que me lo traigan acá.

RUFIANO Y MUNGIANO:

> Migas y aguardiente
> Te están guardando en Belén.

BARTOLO:

> Aquí donde estoy acostado
> Por botijas me lo dan.

SILVESTRE Y SILVO:

> Vamos a Belén, Bartolo.
> Mira que Jesús te llama.

BARTOLO:

> Es muy noche y hace frío.
> Ahí iré por la mañana.

BLANCA Y GILA:

> Vamos y verás el cielo
> Todos de gala vestidos.

BARTOLO:

> De cenar me habías de dar.
> También se han enloquecido.
> Hasta tú me has enfadado.
> Quita de aquí Indio simplón.

PASTORES:

¿Qué haremos con Bartolito?
Que no quiere ir a adorar.
Que venga el viejo Ermitaño
A ver si lo hace parar.

ERMITAÑO:

Pues, ayúdame a parar,
No te aflojes, no te aflojes.

BARTOLO:

¡Válgame Señor San Blás,
Ah, ¡qué sueño! ¡qué flojera!
Sólo contarles quisiera
Lo que acabé de soñar.
Soñé que tenía birloche,
Capa, pantalón, chaqueta,
Y una tienda también,
Y almacén junto a la pila
Que hasta el cuerpo se me enchina
Y me da dolor de cabeza
De ver que estoy en pobreza
Y lo que soñé es mentira.
¡Válgame Dios que flojera!
No me podía levantar.
Pero toquen un sonecito
A ver si lo puedo bailar.

BARTOLO:

Voy a adorar a Jesús,
Divina perla preciosa.
También a ofrecer le llevo
Aquí esta lucida bolsa.

BARTOLO:

Dulcísimo rosicler,
De los cielos has venido
A redimir el pecado
Que tiene al hombre perdido.
Y yo de merced te pido
Que me quites esta hambre
Y me libres del enjambre
Y de los hombres asesinos.
También de los malos vecinos
Y del préstame y del fiambre
También te pido, Señor,
Que me quites la modorra
Y me lleves a tu gloria.
Que hoy te vengo a presentar
Esta bolsita de hogar
Con sus correas amarillas
Para que eches tus cuartillas
Si fueres afecto a guardar.
Adiós, mi niño chiquito.
Adiós, todo mi querer,
Que hasta el año venidero
Nos volveremos a ver.

Todos los pastores:

Adiós, adiós,
Adiós, mi Jesús, adiós.
Dile a mi dulce María
Que se quede con Dios.
Adiós, porque ya nos vamos
A nuestra cabaña a dar
Asistencia a los ganados.
Adíos, mi Rey Celestial.

Coloquio de pastores

Coro primero

Del cie-lo la glo- ria al sue - lo ha ba-ja-do ¡qué fi - ne - za!

Ha ba-ja - do ¡qué gran-de - za! por dar-le al hom- bre con-sue - lo.

Primera Caminata

Va - mos ca - mi - nan - do, her - ma-nos pas - to - res,

por a - quí es-tos cam - pos hay lu - ci -das flo - res.

Canción para levantar a Bartolo

En Be - lén na - ció Je - sús,_ Bar-to - lo, va-mos a-llá._

Ofrecimiento de Bartolo

Voy a a - do - rar a Je - sús,_ di-vi - na per - la pre-cio - sa,

tam-bién a o-fre-cer-le lle-vo a-quí es-ta lu-ci - da bol-sa.

Despedida

A - diós, a - diós, a - diós, mi Je - sús, a - diós.

Di-le a mi dul - ce Ma - rí - a que_ se me que-de con Dios._

4

La Navidad en otros países

La celebración de la Navidad ha variado con el correr de cuatrocientos años. Los primeros festejos traídos de España al Nuevo Mundo fueron castizos, más tarde se acriollaron y en la actualidad parecen poseer de un espíritu internacional.

Los festejos castizos, las devociones religiosas, los cantos, las oraciones por nueve días en honor a la Santa Familia, aun se recuerdan celebrando el milagro de Belén.

El seis de enero es una fecha muy importante para los niños de Hispanoamérica. En lugar de escribirle a Santa Claus, como se acostumbra en los Estados Unidos y otros países, en las provincias los niños dirigen sus cartas a los Reyes Magos. Estos se encargan de repartir, si les es posible, los regalos que los chicos han solicitado.

En la víspera del seis, los niños colocan sus zapatos en la ventana o en el balcón de la casa. Y no olvidando a los cansados camellos de los Magos, les dejan su alimento, agua y heno.

Si los niños han observado buena conducta durante el año, encontrarán sus regalos; de lo contrario, el Rey Baltazar llenará los zapatos con carbón.

El Salvador

En El Salvador como en México, se presentan las pastorelas, dramas medievales que fueron traídos de Europa por los españoles durante la conquista. Estos, aunque conservan el tradicional mensaje, su lenguaje ha sido modificado con el paso del tiempo.

Las pastorelas son presentadas en lugares públicos, ya sea en los parques, o en las iglesias. Su tema: el nacimiento de Jesús y la peregrinación de los pastores hacia Belén.

Costa Ríca

Las fiestas de diciembre en San José, Costa Rica empiezan el 24, y en todos los sectores de la ciudad reina la alegría. En este día se abren los "chinamos" puestos de antojitos, con sus famosos "gallos" (alimento parecido a los tacos mexicanos). Muy cerca se encuentran las diversiones para niños: el carrusel, el tobogán, la rueda de la fortuna, los trenecitos. Y para los adultos la ruleta, el tiro al blanco y toda clase de juegos de suerte.

Las corridas no faltan; toreros aficionados que, valientes, se lanzan al ruedo a probar su suerte frente a un toro manso divierten al público por horas.

Para los amantes al deporte, los partidos de futbol internacional y las carreras ciclistas resultan emocionantes y muy concurridas.

En la Plaza González Víquez se organizan bailes populares, lo mismo que en otros distritos adyacentes; y los bailecitos familiares no faltan después de la tradicional cena.

Los niños también tienen sus fiestas muy especiales: los recreos, donde se divierten en el parque gozando de la lluvia de confetti.

Los fuegos artificiales, los cohetes, las luces de vengala y la ciudad profusamente iluminada le dan un ambiente de feria en donde los ciudadanos pasan horas muy agradables.

República Dominicana

En la República Dominicana, el Día de los Reyes es celebrado con gran entusiasmo y alegría. La procesión pasa por las calles principales de Santo Domingo, la capital. Todos los participantes van vestidos a modo oriental. A la cabeza del desfile un grupo de hombres ilumina su paso con grandes antorchas, otros llevan el incienso, los egipcios portan grandes espadas. Finalmente aparecen los Tres Reyes Magos lujosamente vestidos llevando los regalos para el Niño: incienso, oro y mirra.

Panamá

En la Ciudad de Panamá se organizan concursos para premiar los esfuerzos de los ciudadanos que sobresalen en el ornato de sus calles a barrios durante las fiestas de Navidad.

Se arman nacimientos en las calles, donde amigos y familiares se reúnen a cantar villancicos en honor al Niño Dios.

Para recibir el Año Nuevo, en Panamá se acostumbra a visitar a pie siete iglesias. Aunque la caminata es larga, la gente pasa horas alegres admirando los nacimientos que en cada iglesia están presentes en adornados altares.

El día primero del año, muy temprano, aun cuando muchos ciudadanos gozan del sueño, la banda de los bomberos los despierta con su música. Y como en todos los países hispánicos, los niños los siguen desbordando su alegría.

Colombia

En algunos de los pueblos del Departamento de Cauca en Colombia existe una costumbre de origen muy antiguo. Trovadores, llamados "chirimías," recorren las calles entonando villancicos que son acompañados con música de flautas. Al terminar sus cantos, los oyentes recompensan sus esfuerzos con unas cuantas monedas y los trovadores continúan su jornada.

Venezuela

En Venezuela, la Navidad es celebrada un poco diferente de otros países de habla española. El 25 de diciembre todo el mundo se prepara para visitar o ser visitados por amigos o familiares. En este día los lazos de amistad se estrechan intimamente y reina la alegría en los hogares.

En este país no es Santa Claus ni los Reyes Magos los que reparten los juguetes a los niños como se acostumbra en varios países hispánicos. El Niño Dios goza de la gratitud de los pequeños porque El deposita al pie de sus camas los regalitos que los hacen muy felices.

En las iglesias se celebran las misas de Gallo y se escuchan muy a menudo cantos expresados a una manera popular llamados gaita Navideña.

Los bailes en los clubes y en las residencias particulares son muy animados dado al espíritu alegre del venezolano.

Perú

El Mes de Diciembre
en la Antigua Lima

En la antigua Lima, en los tiempos del rey, el fin del año se celebraba con gran entusiasmo. Mes de música y bebidas. Raro era el barrio en que el ocho de diciembre no se celebrara con lo que las bisabuelas llamaban "Altar de Purísima."

Este altar se armaba en el salón principal, y desde las siete de la noche los amigos y amigas empezaban a llegar.

Las jóvenes solteras se diferenciaban de las casadas en la colocación de las flores que se ponían en el peinado. Era sabido que rosas y claveles al lado izquierdo significaban que la propitaria se hallaba en disponibilidad de admitir huéspedes en el corazón.

Se principiaba con un rosario de cinco misterios, acompañado de cánticos a la Virgen; seguía una plática religiosa, una comida familiar, y dábase remate a la función religiosa con villancicos alegres cantados al compás de clavicordio y violín por criadas de la casa, a las que acompañaban otras de la vecindad.

Después de las diez de la noche, hora en que se despedían los convidados, principiaban lo bueno y sabroso. La jarana era indispensable, las parejas se sucedían bailando delante del altar el "ondú," el "paspié," la pieza inglesa y demás bailes de sociedad por entonces a la moda.

Por supuesto que las copas abundaban y después de medianoche se trataba a la Purísima con toda confianza, y dejándose de bailecitos sosos y ceremoniosos bailaban la voluptuosa "zamacueca" con mucha arpa y cajón.

El altar de la Purísima duraba tres noches, que eran tres noches de jaleo, que con pretexto de devoción, había muchísimo de perdición.

Desde el 15 de diciembre comenzaban las matinales misas de Aguinaldo, en que todo era animación y alegría. ¡Qué muchachas tan bonitas que se congregaban en las iglesias para la tentación de los enamoradizos!

Una orquesta criolla con cantores y cantoras de la "hebra" hacía oro las canciones populares en boga como el verso siguiente:

> Santa Rosa de Lima,
> ¿cómo consientes
> que un impuesto le pongan
> al aguardiente?

Lo religioso y lo sagrado no excluían a lo mundano y profano, pues se cantaban coplas no siempre muy ortodoxas.

Una misa de Aguinaldo duraba un par de horitas por lo menos, de las siete a las nueve. Esas misas sí que eran cosa rica, y no insípidas como las de la casa.

Hoy ni en las misas de Aguinaldo, ni en la de Gallo, hay pitos, canarios, flautines, zampoñas, matracas, ni bailoteos; ni los muchachos rebuznan, ni cantan como gallo, ni ladran como perro, ni mugen como buey, ni maullan como gato, ni nada que se parezca al pasado colonial.

> De tiempos que ya están lejos
> aun me cautiva el dibujo.
> ¡Ay, hijos! Cosas de lujo
> hemos visto acá los viejos.

Desde las cinco de la tarde del 24 de diciembre a los cuatro lados de la Plaza Mayor, se veían las mesitas con flores, dulces, conservas, juguetes, pastas, licores y todo lo que Dios quiso crear.

A las doce el pueblo se quedaba en la plaza bebiendo. La aristocracia y la clase media se encaminaban a los templos, donde las indias cantaban en el atrio villancicos como éste:

> Arre, borriquito,
> vamos a Belén,
> que ha nacido un niño
> para nuestro bien.
>
> Arre borriquito,
> vamos a Belén,
> que mañana es fiesta,
> pasado también.

A la misa de Gallo seguía en las casas grandes cenas, en que el tamal era plato obligatorio. Y como no era bueno dormirse tras una comilona, improvisábase en familia un bailecito, al que los primeros rayos de sol ponían fin.

La gente del pueblo para no sentirse menos que la gente de posición, se descoyuntaba bailando "zamuecas" de esa que hace resucitar muertos.

Como los altares de Purísima, eran los nacimientos motivos de fiesta doméstica. Desde el primer día de Pascua armábase en algunas casas un pequeño procenio, sobre el que se veía el establo de Belén con todos los personajes de la bíblica leyenda. Figurillas de pasta o de madera más o menos graciosas complementaban el cuadro.

Todo el mundo, desde las siete hasta las once de la noche, entraba con llaneza en el salón, donde se exhibía el divino misterio. Cada nacimiento era más visitado y comentado que el ministro nuevo.

El más famoso de los nacimientos de Lima era el que se exhibía en el convento de los padres belemitas o barbones. Y era famoso por los muchos juguetes automáticos y por los villancicos con que festejaban al Divino Infante.

Pero como todo tiene fin sobre la tierra, el 6 de enero, se cerraban todos los nacimientos. Esa noche era de una alegría desbordante.

Y hasta el diciembre del otro año, se repetían las mismas fiestas sin el menor cambio.

El Gran Juez

Tángor es una aldea que parece estar perdida entre las nubes, está situada a más de 19,000 pies de altura sobre el nivel del mar.

Según contaban los ancianos, el pueblo de Tángor se originó cuando los conquistadores tomaron prisionero al último de los incas; éste ordenó que llevaran a algunos de sus hijos y esposas a lugares inaccesibles a los hombres blancos.

Aquí se quedaron, los niños crecieron, se multiplicaron y aquí viví yo hasta la edad de siete años.

Nunca olvidaré cuando en las noches de luna, la mayoría de los habitantes se reunían en la Plaza de Armas. Todos los niños se sentaban alrededor del "Taita Mañuco," que era un hombre ciego y el más anciano del pueblo, que ni el mismo sabía su edad. Una noche le pedimos que nos contara el cuento del Gran Juez. Entonces empezó a contar:

Hace muchos años, cuando todavía no conocíamos al Dios del hombre blanco, todos los niños del Imperio, una vez por año, tenían la oportunidad de ver y hablar con el Gran Juez.

En cierta noche del año los niños se acostaban más temprano, y mientras dormían, se les aparecía una hermosa pastora con cabellos de oro, que al ser agitados por el viento producían una música que parecía estar hecha con campanillas de cristal. Ella guiaba a los niños hasta la presencia del Gran Juez.

Como los hijos del Sol habían enseñado a sus hijos que siempre hay que dar para recibir, todos los niños acostumbraban a llevarle un regalo al Gran Juez.

Entre el grupo de niños estaba Ipolo, el hijo de uno de los hombres más ricos de la comarca, que llevaba con sus esclavos cuatro bolsas llenas de oro y piedras preciosas. También estaba Allico, el niño huérfano del pueblo, que solo llevaba como regalo un pequeño huevo de paloma.

Ipolo como era niño envidioso, sacó una piedra del bolsillo y se la arrojó a Allico aflojándole un diente. Al caerse el niño, también rompió el regalo que llevaba en la mano. Allico no tenía nada que ofrecerle al Gran Juez, y se puso a llorar de tristeza y de dolor. Como tenía muy flojo el diente, se lo arrancó para que no le molestara. Al instante éste se convirtió en una hermosa perla, la cual regaló al Gran Juez.

Cuando le llegó a Ipolo el turno de entregar su regalo, se dio con la sorpresa de encontrar sus bolsas llenas de lagartijas, que al salir, despavoridas se perdieron en el espacio.

Cuando los niños despertaron al sía siguiente, Allico encontró su cama llena de juguetes y todos los objetos que él deseaba tener. En cambio Ipolo solamente halló sobre su almohada una horrible lagartija.

Al paso de los años y con la llegada del Niño Dios, y el Papá Noel, éste último tomó la figura del Gran Juez.

Hasta la fecha, los niños de Tágor guardan sus dientes de leche para ponerlos dentro de sus zapatos en la noche de Navidad. La mayoría de los juguetes son hechos de madera y barro que fabrican sus propios padres. Las madres les dan a sus niños animales y muñecos hechos de pan dulce.

Las personas mayores se reúnen en la Plaza de Armas alrededor de una enorme fogata, y después de las doce de la noche, toman ponche caliente que es obsequiado por el alcalde del pueblo. Así se celebra el nacimiento del "Taita Dios."

Poemas
Entre Peña y Peña

Entre peña y peña
yo vide una luz
y eran los ojitos

[1] Poems brought from Spain to Perú, as early as 1849.

del Niño Jesús.
Venid pastorcitos,
venid a adorar
al Rey de los Cielos
que ha nacido ya.
Desde mi chacrita
he venido andando
a ver este Niño
que se está velando.
Manuelito lindo,
¿qué haces en la cuna
la carita al sol,
los pies a la luna?
La Virgen lavaba,
San José tendía
los ricos pañales
que el Niño tenía.

Este niño lindo
y tan sin segundo,
ha dejado el cielo
por venirse al mundo.
Pastores a misa,
vamos a adorar
al recién nacido
que está en el portal.
Vamos pastorcitos,
vamos a Belén
que ha nacido un Niño
para nuestro bien.

A la rrorro . . .

Vamos al portal
a ver un primor,
que entre dos estrellas
hay un nuevo sol.
a la rrorro, rrorro . . .
Es el sol de gracia
que en la noche dio
luz de toda luz
que de Dios tomó
a la rrorro . . .
Entre pajas nace
cual pobre pastor
y de humildes paños
su carne cubrió
a la rrorro . . .
No lloréis, mi Niño
no lloréis, Señor,
que harto hay que sufrir
para Redentor.
a la rrorro . . .
Duérmete, bien mío
duérmete, mi amor,
que en la noche fría
arde el corazón.
a la rrorro . . .

Oh, María Soberana

Oh, María Soberana,
Madre del Verbo Divino,
que desde los cielos vino

a recibir forma humana.
Nació Jesús en Belén
de vuestras entrañas puras:
Gloria a Dios en las alturas
y paz en la tierra. Amén.

Fuga

Tengan santas pascuas,
tengan buen año.
Tengan todos, tengan
nuevo aguinaldo.
Canten himnos, canten
al que alegrando
el cielo y tierra
nace humanado.
Pidan todos, pidan
al Sacrosanto,
sus dones y gracias
para ser salvos

Oh Pastores, Oh Pastores

Oh Pastores, Oh pastores,
de Belén, de Belén.
Mil albricias, mil albricias
que ha nacido nuestro Bien.
Sed el Niño tiene
y el justo le den
mis ojos el agua
y el vaso mi ser.
Que mi llanto enjugue
su llanto y que esté

conmigo humanado
yo junto con El.
Hijos de Eva, Hijos de Eva,
Y de Adán y de Adán
Parabienes, parabienes
los querubines os dan,
porque entre vosotros
Jesús se halla ya.
Se asoma la dicha
y se aleja el mal.
¡El cielo y la tierra!
¡Qué alegres están!

En los corazones
viva, viva quien
siendo Dios inmenso
es Niño también.

Portalito Pobre

Portalito pobre,
¿Quién te gozase?
¡y al que en ti niño llora
desenójase!
Portalito pobre,
de mi niño albergue,
Palacio de grandes,
Alcázar de Reyes.
Pajiza techumbre
pesebre y randal,
con más aparato
que estrado real.
Templo de mi gloria

do el recién nacido
hace de sus gustos
nuevo sacrificio.
Público teatro,
de amorosos juegos,
do entre Dios y el hombre
pasan mil sucesos.
Coro bien reglado
de varios cantores,
donde a un solo punto
se oyen muchos sones.
Do al tenor del frío
y al compás de ojuelos,
lleva el Niño el tiple
con sus pucheruelos.
Venid Pastorcitos,
venid a adorar,
al Rey de los Cielos
que ha nacido ya.
Veréis el mejor Cordero
que en una y otra ley
se figuró con prodigios,
en Moisés, Abraham y Abel.
Y veréis,
Veréis la frondosa Palma
de los montes de Cadés
y de su fruto bendito
podéis las flores coger.
Y veréis,
Veréis llorar la alegría
de los cielos y veréis

la nube que al justo pudo
de sus entrañas llover.
Y veréis,
Veréis cumplidas las grandes
hebdómadas de Daniel
Y de Isaías la Virgen
que ha parido el Agnus Dei.
Y veréis.

A vender mis dulces vengo,
que como es la noche buena
será bien que todos lleguen
a comprar barato; vengan.
Aquí hay un manjar del cielo,
aquí hay una guinda tierna,
aquí hay una gracia dulce,
aquí hay una dulce prenda.

El precio si es infinito,
también se fía en la mesa
y lo que se presta, es paga
que hace el mismo que presta.
Aquí hay un panal de miel,
aquí hay una caja buena,
aquí hay una risa dulce,
aquí hay una dulce seña.

Pobre Humilde Portalito[1]

Pobre, humilde portalito,
¡qué admirable es tu fortuna,

---

[1] This and the next poem were found in the convent of Santa Teresa in 1828.

pues mereces ser la cuna
Del Angel del gran Consejo!
Triste mesón, corto espacio,
absorto de verte estoy,
¿cómo te miramos hoy
transformado en un Palacio?
  ¡Oh, mi niño sin igual
que no cabiendo en el cielo,
quieres caber en el suelo,
y en tan estrecho portal!;
como buscan al mortal
tomas su naturaleza,
y tu divina grandeza
la reduces esta vez
para que tu pequeñez
engrandezca tu vileza.
  Ya puedes decir, Señor,
como dijo Simeón:
que muera en paz es razón
pues he visto al Salvador.
  ¡Oh, cumbre, cuyo esplendor
en el mundo ha de lucir,
dame el placer de morir
que ya el gozo no resisto,
y pues muero viendo a Cristo
muero para más vivir!

Bajada de Reyes
Esta noche es noche buena,
Noche de parar la oreja,
De acercarse a la ventana

Y oir si ronca la vieja.
　Padrinos, pastores,
　vamos al zanjón,
　que el niño ha nacido
　en ca del Mamón.
Permiso, señores,
A adorar al Niño
Para entrar adentro,
En su nacimiento.
　El gallito canta
　Al rayar el día
　y en el canto dice,
　¡Que viva María!
Ya vienen las vacas
y el Señor José,
Trayendo la leche
Y queso con miel.
　Pastor Soberano,
　Traigo mis ovejas,
　Unas trasquiladas
　Y otras sin orejas.
Pícaro chapuco,
Cara de aceituna,
Le has robado al Niño
Su cama y su cuna.
　Los tres Reyes Magos
　Bajan del oriente
　A adorar al Niño
　En su nacimiento.
¿Cuál de los tres Reyes
será el mejor?

El Señor don Quice
se llevó la flor.

Danza de los Chimus
(Al entrar en la iglesia)

CORO.

Entramos al templo
con gran devoción
a ver a la Madre
de la Salvación.

UNO.

Virgen de Mercedes,
Reina y Soberana,
estrella de la noche,
luz de la mañana.

OTRO.

Virgen de Mercedes
precioso coral
abogada nuestra,
Madre celestial.

CORO.

Derramando mercedes
vino María
convirtiendo los llantos
en alegría.

El Año Nuevo en Lima, Perú

La ciudad de Lima recibe el Año Nuevo con gran algarabía. Lluvia de papel picado y calendarios son arrojados por
las ventanas de los edificios de la capital.

No solamente en los centros sociales se celebran los bailes tradicionales, éstos son comunes en todos los sectores de la ciudad. Los bailes se gozan hasta altas horas de la noche. A las doce en punto, las felicitaciones y los abrazos son efusivos.

Las campanas de las iglesias son echadas a vuelo, anunciando el Año Nuevo. Los bomberos suenan sus sirenas lo mismo que los buques de la Armada. Las detonaciones de cohetes se dejan oir por todas partes. Un ambiente de fiesta reina en Lima.

En los templos se celebran las misas de Año Nuevo a las doce de la noche y siempre son muy concurridas.

En Sicuani, Perú, la fiesta de los Reyes Magos ha tomado un rumbo muy diferente apartándose de su significado religioso. Los Reyes representando tres culturas compiten en carreras de caballos. Si el rey blanco español gana es señal de pobreza y malas cosechas. Si la victoria es del rey negro, el pueblo sufrirá terribles epidemias. Solamente la victoria del rey indio, les asegura felicidad y abundancia.

Uruguay

A la Luz de la Luna

PERSONAJES

El

Ella

La Luna

La Navidad cae en verano en Uruguay, Argentina y Chile. En un parque central de Montevideo hay casi ochocientas variedades de rosas que florecen todo el año.

En ese parque está una dama muy bonita sentada en un banco fingiendo estar leyendo un libro de poesías a la luz de la temprana luna. En este momento se ve pasar un caballero muy galante, y cuando él se aproxima al banco, la dama deja caer al suelo las rosas que tiene en la mano. El galante caballero recoje las flores, se las entrega muy cortesmente. Y como parece que no hay inconveniente, el joven se sienta a su lado y empieza la conversación siguiente:

ELLA. (Sorprendida) ¡Oh . . .

EL. (Dándole las rosas) ¡Ajem . . .

ELLA. Gracias.

EL. Ah . . .

ELLA. (Sonríe.) Oh . . .

EL. (Indicando las rosas) ¿Bueno?

ELLA. Bastante.

EL. ¿Me quedo?

ELLA. (Sorprendida) ¿Cómo?

EL. ¿Me quedo?

ELLA. Sí . . . í . . . í

EL. (Sentándose) Gracias.

ELLA. Oh . . .

EL. ¿Cómo?

ELLA. (Se abanica.) ¡Uf . . .

EL. ¿Calor?

ELLA. Mucho.

EL. (Mirando al lado suyo) ¡Bonito!

ELLA. Sí

EL. ¿A menudo?

ELLA. Bastante.

EL. ¿Dónde . . .

ELLA. ¿Cómo . . .

EL. ¿Vive?

ELLA. ¿Yo?

EL. Sí.

ELLA. Cerca.

EL. ¿Dónde?

ELLA. Ciudad.

EL. ¿Dónde?

ELLA. Allá. (Los dos se ríen.)

EL. Ah . . .

ELLA. ¿Usted?

EL. Campo.

ELLA. ¡No!

EL. ¿Dónde?

ELLA. ¿América?

EL. No.

ELLA. ¿París?

EL. No.

ELLA. Buenos Aires.

EL. Sí.

ELL. ¿Negocios?

EL. Sí.

ELLA. ¡Bien!

EL. ¿Alegre?

ELLA. Bastante.

EL. ¿Por qué?

ELLA. Porque . . .

EL. ¡Amo . . .

ELLA. ¿Cómo?

EL. . . . luna! (Señalando la Luna)

ELLA. Oh . . .

EL. Pues . . .

ELLA. ¿Pues?

EL. Linda. (Mirando a la Luna pero hablando a Ella)

ELLA. ¡Fresco!

EL. ¡Bonita!

ELLA. ¡Lisonjero!

EL. ¡Adorable!

ELLA. ¡No!

EL. ¡Repreciosa!

ELLA. ¡Señor!

EL. Luna. (Inocente)

ELLA. ¡Oh!

EL. ¿Cómo?

ELLA. ¡Voy!

EL. ¿Por qué?

ELLA. Voy.

EL. ¿A dónde?

ELLA. Casa.

EL. ¿Por qué?

ELLA. Esposo. (Coqueta)

EL. ¡¡Caramba!!

ELLA. Sí . . . í . . . í.

EL. ¡Cielos!

ELLA. No.

EL. ¿Qué . . .

ELLA. Broma.

EL. ¡Oh! . . .

ELLA. Mire . . .

EL. ¿Qué?

ELLA. Luna.

EL. ¿Nueva?

ELLA. Sí.

EL. Oh . . .

ELLA. Ah . . .

EL. Yo . . .

ELLA. Ah . . .

EL. . . . amo . . .

ELLA. ¿Luna?

EL. ¡¡No!!

ELLA. ¿A quién? (Coqueta)

EL. ¡A usted!

ELLA. ¡¡Cómo!!

EL. ¡A ti!

ELLA. Ooooh . . .

EL. ¿Cómo?

ELLA. Voy.

EL. No.

ELLA. Sí.

EL. ¿Por qué?

ELLA. Tarde.

EL. ¿A casa?

ELLA. Necesario.

EL. ¡Quédate!

ELLA. No puedo.

EL. ¿Por qué?

ELLA. Madre.

EL. Ooooh.

ELLA. Sí . . . í . . . í.

EL. Yo . . .

ELLA. ¿Cómo?

EL. . . . voy . . .

ELLA. ¿Cómo?

EL. . . . contigo.

ELLA. ¡¡No!!

EL. ¿Por qué?

ELLA. Padre.

EL. ¿Cruel?

ELLA. Sí.

EL. Oh.

ELLA. ¿Pues?

EL. ¿Cómo?

ELLA. ¡Cobarde!

EL. ¡¡No!!

ELLA. ¿Pues?

EL. ¡Voy . . .

ELLA. Ooooh.

EL. . . . contigo!

ELLA. Bueno.

EL. Mira . . .

ELLA. ¿Qué?

EL. Luna.

ELLA. Magnífica.

EL. Y tú.

ELLA. Estupenda.

EL. Como tú.

ELLA. Preciosa.

EL. ¿Fresca?

ELLA. ¡Señor!

EL. Luna. (Inocente)

ELLA. ¡Mamarracho!

EL. ¿Yo?

ELLA. Sí.

EL. ¡Divina!

ELLA. ¿Luna?

EL. ¡No!

ELLA. ¿Quién?

EL. ¡Tú!

ELLA. Ah . . .

EL. ¿Mañana?

ELLA. ¿Cómo?

EL. ¿Vendrás?

ELLA. ¿Y usted?

EL. Sí.

ELLA. Pues . . .

EL. ¿Vendrás?

ELLA. Tal vez.

EL. ¿¿¿Cómo???

ELLA. Sí.

EL. ¡Oh!

ELLA. ¿Alegre?

EL. ¡Muchísimo!

ELLA. Pues . . .

EL. ¿Pues?

ELLA. ¿Hasta . . .

EL. . . . mañana?

(Vanse.)

Argentina

La Navidad en las Grandes Ciudades Hispanoamericanas

En las grandes ciudades de los países de habla española, los festejos Navideños han adquirido un carácter internacional. Se ha importado el nevado árbolito de Navidad y el muérdago que, junto con el nacimiento, adornan las ciudades, las tiendas y los hogares.

Las nuevas invenciones han traído reformas a los festejos. Los tocadiscos estereofónicos han remplazado a los antiguos villancicos acompañados de guitarras.

La tradicional cena incluye el delicioso pavo al horno, los pasteles, bombones y se brinda con champaña. En la provincia los platos típicos no han pasado al olvido.

A la cena le seguía el bailecito familiar improvisado; en el presente, se celebran en adornados salones sociales.

Con el transcurso de los años, y a medida que las distancias se acortan entre los países, los festejos de la Navidad tienden a uniformarse, y a unir al mundo cristiano con el mensaje de amor del feliz acontecimiento de Belén.

La Navidad en los Pueblos

En los pueblos alejados de las ciudades, ya sea por barreras geográficas o lingüísticas se encuentran diferentes maneras de celebrar la Navidad. Aún no se ha perdido la tradición española en las devociones religiosas, como las procesiones, cantos, y oraciones que conmemoran el nacimiento del Niño Jesús. Estas tradiciones han sido modificadas sin haber perdido el mensaje universal que une a todos los países de habla española.

La tradición heredada de Europa ligada a la tradición indígena han sido llamadas a moldar una auténtica celebración americana llena de color y de emoción popular.

Los festejos son mejor representados en la vida rural que con su música folklórica expresa con hondo sentimiento las emociones de la gente sencilla.

Navidad Nuestra,[1] cantada con fondo orquestal de instru-

[1] *Navidad Nuestra* is best known to music lovers in the United States on the record *Misa Criolla.* The music is especially beautiful and was recorded by the Phillips Recording Company.

mentos regionales está dividida en tres partes: "La Anuncia-
ción," "La Peregrinación," y "El Nacimiento." En ella se
expresa artísticamente el misterio de Belén con dignidad y
hermosura, que tiene sabor a nuestras tierras.

LA MISA CRIOLLA
La Anunciación
. . . El Angel Gabriel ya vuelve
Al pago donde se encuentra Dios.
Humano pareces vos, Angelito,
Que tan contento te vuelves ya.
He visto a la reina del mundo,
La más hermosa cuñataí.
Capullo que se hace flor,
Y se abrirá en Navidad.

La Peregrinación
. . . ¡A la huella, a la huella, los peregrinos!
Préstenme una tapera para mi niño.
¡A la huella, a la huella, sola sin una!
Los ojitos de almendra, piel de aceituna.
¡Oh, burrito del campo!
Ay, que mancillo.
Mi niño está viniendo,
¡Háganle sitio! . . .

El Nacimiento
Noche anunciada, noche de amor,
Dios ha nacido, de tallo y flor.
Todo es silencio, serenidad,
Paz a los hombres, es Navidad
En el pesebre mi Redentor,
Es mensajero de paz y amor.
Cuando sonríe, se hace la luz,
Y en sus bracitos crece una cruz . . .

5

Auto, Poemas y Cantos

El Auto de los Reyes Magos

(The first extant play in the Spanish language, and the first Nativity play written in a Romance language is the fragment called *El Auto de los Reyes Magos,* of unknown authorship, dated about 1150. The play was presented in the beautiful Cathedral of Toledo, and was doubtless presented there many times at Christmastide. The characters were all taken by choir boys and without any costuming or stage setting, except a star. Each king, played by a choir boy, enters, gives his monologue and apparently leaves the stage. In Scene II all meet on the stage and decide to go to see the Lord. It is a problem play, in that the three gifts—gold, myrrh and incense—are to be offered to Him. The dialogue of Herod is significant and very dramatic; here was excellent opportunity for acting. In Scene V there is great concern on the part of Herod, and he orders his men to find out what the mystery is. The action, of course, is very simple; the play is only a fragment, written in rhymed couplets but very much like prose. The playlet included in this selection of skits has been modernized to make the comprehension easier for beginning students; but the naiveté is still present. The original is interesting as a linguistic document and as the first Nativity play written in the vernacular. The modern form given here should be interesting as a presentation showing the primitive acting of the 12th century, which after all is not far different from the types of Nativity plays now presented and enjoyed everywhere.)

ESCENA I

(*Gaspar, solo*)

¡Dios Criador, qué maravilla!
No sé cuál es aquella estrella.
Ya por primera vez la he visto;
poco tiempo ha que es nacida.
¿Nacido es el Criador
que es de las gentes señor?
No es verdad; no sé qué digo;
todo esto no vale un higo.
Otra noche me lo cataré,
y si es verdad, bien lo sabré. (*Pausa.*)
¿Bien es verdad lo que yo digo?
En todo, en todo lo porfío.

¿No puede ser otra señal?
Eso es, y no otra cosa;
nacido es Dios, por ver, de hembra
en este mes de diciembre.
Allá iré, dondequiera que esté;
yo he de adorarle y rogarle;
por Dios de todos lo tendré. (*Sale.*)

(*Baltasar, solo*)

Esta estrella, no sé de dónde viene,
quien la trae, o quien la tiene.
¿Cuál es aquella señal?
¡En mi vida he visto tal!
Por cierto es nacido en tierra
aquel que en paz y en guerra
señor ha de ser de todos
del oriente hasta el occidente.
Por tres noches me lo veré,
y más de seguro lo sabré. (*Pausa.*)
¿En todo, en todo es nacido?
No sé si algo he visto.
Iré, lo adoraré,
y rezaré y le rogaré. (*Sale.*)

(*Melchor, solo*)

¡Vale, Criador, qué cosa es!
En la vida se ha a visto tal,
ni lo ha leído en escritura.
Tal estrella no está en el cielo;
eso sé y soy buen astrólogo.
Bien lo veo, sin duda alguna,
que un hombre es nacido de carne,

que señor será de todo el mundo,
así como el cielo es redondo.
Señor será de todas gentes,
y todo el mundo juzgará.
¿Es verdad? ¿No es verdad?
Otra vez lo miraré,
a ver si es verdad o si no lo es. (*Pausa.*)
Nacido es el Criador,
de todas las gentes mayor;
bien lo veo que es verdad;
iré allá, por caridad.

ESCENA II

(*Gaspar a Baltasar*)
    Dios os salve, señor, ¿sois astrólogo?
    Decidme la verdad, de vosotros saberlo quiero:
    ¿habéis visto nunca tal maravilla?
    Nacida es una estrella.
(*Baltasar*)
    Nacido es el Criador,
    quien de las gentes es señor.
    Iré y lo adoraré.
(*Gaspar*)
    Yo también iré a rogarle.
(*Melchor a los otros dos*)
    Señores, ¿a qué tierra, a dónde queréis andar?
    ¿Queréis ir conmigo al Criador rogar?
    ¿Lo habéis visto? Yo lo voy a adorar.
(*Gaspar*)
    Nos vamos también, si le podemos hallar.
    Andemos tras la estrella y veremos el lugar.

(*Melchor*)

    ¿Cómo podremos probar si es hombre mortal

    o si es rey de tierra o si es celestial?

(*Baltasar*)

    ¿Queréis bien saber cómo lo sabremos?

    Oro, mirra e incienso le ofreceremos;

    si es rey de tierra, el oro querrá;

    si es hombre mortal, la mirra tomará;

    si rey celestial, estos los dejará,

    y tomará el incienso que le pertenecerá.

(*Gaspar y Melchor*)

    Vámonos allá; así lo hagamos.

ESCENA III

(*Gaspar y los otros dos reyes a Herodes*)

    ¡Que os salve el Criador! ¡Dios os cure de mal!

    Un poco queremos hablaros; no queremos otra cosa.

    ¡Dios os dé larga vida y os cure de mal!

    Vamos en romería a adorar aquel rey

    que es nacido en tierra, y no le podemos hallar.

(*Herodes*)

    ¿Qué decís? ¿A dónde vais? ¿A quién vais a buscar?

    ¿De qué tierra venís? ¿A dónde queréis andar?

    Decidme vuestros nombres; no me los escondáis.

(*Gaspar*)

    A mí me llaman Gaspar.

    A éste Melchor, y a aquél Baltasar.

    Rey, un rey es nacido, que es señor de tierra,

    que mandará el mundo en gran paz sin guerra.

(*Herodes*)

    ¿Es eso la verdad?

(*Gaspar*)
   Sí, rey, por caridad.
(*Herodes*)
   ¿Y cómo lo sabéis?
   ¿Lo habéis probado?
(*Gaspar*)
   Rey, la verdad os hemos dicho.
   Bien lo hemos probado.
(*Melchor*)
   Esto es gran maravilla;
   una estrella es nacida.
(*Baltasar*)
   Señal es; un hombre ha nacido
   y en carne humana venido.
(*Herodes*)
   ¿Cuánto tiempo hace que la visteis
   y que la percibisteis bien?
(*Gaspar*)
   Trece días hace,
   y no habrá más,
   que la hemos visto
   y bien percibido.
(*Herodes*)
   Pues, andad y buscad;
   id a adorarle a El,
   y volved por aquí.
   Yo iré allá,
   y lo adoraré.

ESCENA IV

(*Herodes, solo*)
   ¿Quién ha visto nunca tan mal?

¡Sobre un rey otro tal!
Aún no estoy muerto yo,
ni debajo de la tierra puesto.
¿Otro rey sobre mí?
¡Nunca he visto tal cosa!
El mundo va al revés;
ya no sé qué me haga;
por verdad no lo creeré
hasta que yo lo veo.
Que venga mi mayordomo
que cuida mis bienes. (*Sale el Mayordomo*)
Id por mis abades,
y por mis potestades,
y por mis escribanos,
y por mis gramaturgos,
y por mis astrólogos,
y por mis retóricos;
ellos me dirán la verdad, si yace escrita;
o si lo saben ellos, o si lo han sabido.

ESCENA V

(*Salen los Sabios de la Corte*)
   Rey, ¿qué os place? Estamos todos aquí.
(*Herodes*)
   Y, ¿traéis vuestras escrituras?
(*Los Sabios*)
   Rey, sí, las traemos,
   las mejores que tenemos.
(*Herodes*)
   Pues, catad,
   decidme la verdad,

si es aquel hombre nacido
que estos tres reyes me han dicho.
Decidme, Rabí, la verdad, si la sabéis.
(*El Rabí*)
De veras, os lo digo,
que no lo hallo escrito.
(*Otro Rabí al Primero*)
Hamihala, ¡qué engañado estáis!
¿Por qué sois llamado rabí?
No entendéis las profecías,
las que nos dijo Jeremías.
Por mi fe, ¡qué errados estamos!
¿Por qué no estamos acordados?
¿Por qué no decimos la verdad?
(*Rabí Primero*)
Yo no sé, por caridad.
(*Rabí Segundo*)
Porque no la hemos usado,
ni en nuestras bocas es hallada.
(*The fragment ends abruptly here.*)

El Día de los Reyes

Los Reyes Magos

por Lope de Vega y Carpio (1562-1635)

Sabed, pues, pastores, que estando yo a la puerta de aquel
portal dichoso, acechando aquel sagrado niño y su madre,
que no osaba, si va a decir verdad, entrar dentro, glorificando
a Dios de ver en la tierra a su hijo, y considerando los

ejércitos de ángeles que le estarían guardando el sueño; he aquí por donde veo venir una tropa de caballos, camellos y dromedarios, y tanta gente con ellos, con tan ricos y diversos trajes, que por espacio de tiempo fueron suyos mis ojos.

Yo imaginé que pasaban delante, y lo primero que se me puso en el entendimiento, fue imaginar que sería nuestro rey Herodes, que de Jerusalén había salido a visitar su tierra; mas me engañé en todo, porque apenas hubieron los principales de ellos hablado entre sí, mirando al cielo, cuando con suma alegría se apearon de los camellos; y entrando por el portal arrastrando las telas y brocados de sus vestidos por el suelo, saludaron la hermosa Virgen y el Santo José. Y el más anciano de ellos besó los pies del divino niño, y le adoró, y le presentó lo que a mi parecer traía para este efecto, desde su tierra prevenido. Esto hicieron los otros, y luego por su orden los criados de más consideración. Yo, entonces, mientras hablaban con aquella Señora, tan digna de mayor reverencia, pues los cielos se le humillan, y el mismo Dios y Señor de ellos tiene necesidad de su calor, que no es poco encarecimiento, decir que Dios tiene necesidad, mezclado entre los criados del bagaje y cargas, en que venían algunos cofres, y no poco repuesto de lo que al sustento pertenece, pregunté al que me pareció de rostro más benigno, como es ordinario, cuando uno duda alguna cosa elegir entre muchos al de mejor semblante:

—¿Quiénes son, le dije, estos señores, extranjeros, que sin duda lo son mucho, porque he visto al uno de ellos y a sus criados de color, que declara bien ser de muy lejos?

El que para dicha mía no ignoraba nuestra lengua, y por ventura les servía de intérprete:

—Son, me dijo, los tres que has visto preferidos a todos, y

llegar los primeros a besar el pie de este sagrado niño, tres sabios Reyes de Oriente, que por ciertas profecías, y conociendo la grandeza suya por las estrellas, siguiendo la que hasta aquí les ha guiado, vienen a adorarle, reconocerle y presentarle aquellas cosas que más ricas son en su tierra, y que más convienen con lo que sus deseos querían significarle.

Adoración de los Pastores

por
Lope de Vega Carpio

Repastaban sus ganados
a las espaldas de un monte
de la torre de Belén
los soñolientos pastores,
alrededor de los troncos
de unos encendidos robles,
que restallando a los aires
daban claridad al bosque.
En los nudosos rediles
las ovejuelas se encogen;
la escarcha en la yerba helada
beben, pensando que comen.
No lejos los lobos fieros
con los aullidos feroces
desafían los mastines,
que adonde suenan responden.
Cuando el nuncio soberano
las plumas de oro descoge
y enamorando los aires

les dice tales razones:
—Gloria a Dios en las alturas,
paz en la tierra a los hombres;
Dios ha nacido en Belén
en esta dichosa noche.
Nació de una pura Virgen:
buscadle, pues sabéis dónde,
que en sus brazos le hallaréis
envuelto en mantillas pobres.
Los pastores convocando
con dulces y alegres sones
toda la tierra, derriban
palmas y laureles nobles;
ramos en las manos llevan,
y coronados de flores,
por la nieve forman senda
cantando alegres canciones.
Llegan al portal dichoso,
y aunque juntos le coronen
racimos de serafines,
quieren que laurel le adorne.
La pura y hermosa Virgen
hallan diciéndole amores
al niño recién nacido,
que hombre y Dios tiene por nombre.
El Santo Viejo los lleva
adonde los pies le adoren
que por las cortas mantillas
los mostraba el Niño entonces.
El Santo Niño los mira
y para que se enamoren,

se ríe en medio del llanto,
y ellos le ofrecen sus dones.
Alma, ofrecedle los vuestros,
y porque el Niño los tome,
sabed que se envuelve bien
en telas de corazones.

Los tres Magos[1]

—Yo soy Gaspar. Aquí traigo el incienso.
Vengo a decir: ¡La vida es pura y bella!
Existe Dios. El amor es inmenso.
¡Todo lo sé por la divina Estrella!
—Yo soy Melchor. Mi mirra aroma todo.
Existe Dios. El es la luz del día.
La blanca flor tiene sus pies en lodo.
Y en el placer hay la melancolía.
—Yo soy Baltasar. Traigo el oro. Aseguro
que existe Dios. El es grande y fuerte.
Todo lo sé por el lucero puro
que brilla en la diadema de la Muerte.
—Gaspar, Melchor y Baltasar, cállaos.
Triunfa el amor, y a su fiesta os convida.
Cristo resurge, hace la luz del caos
y tiene la corona de la Vida.

[1]by Rubén Darío, Nicaraguan poet, (1867-1916). He is considered, perhaps, the most universal of all Spanish-American poets.

Noche de paz, noche de amor

Noche de paz, noche de amor;
todo duerme en derredor.
Entre los astros que esparcen su luz
bella, anunciando al Niñito Jesús,
brilla la estrella de paz.

Noche de paz, noche de amor;
oye humilde el fiel pastor.
Coros celestes que anuncian salud,
gracias y glorias en gran plenitud,
por nuestro buen Redentor.

Noche de paz, noche de amor;
ved qué bello resplandor
luce en el rostro del Niño Jesús
en el pesebre, del mundo la luz,
astro de eterno fulgor.

El prímer Noel

El primer Noel un ángel cantó,
a pastores y ovejas que en campo él vio;
en el campo las ovejas y ellos dormían,
una noche muy triste, oscura y fría.
CORO:
Noel, Noel, Noel, Noel,
nació el rey de Israel.
Hubo allí tres magos que vieron la luz

[1] Since the music for these songs, which are translated from the German and the French, is well known, the scores are not given here.

y emprendieron la marcha buscando a Jesús;
sabían de un rey que había de nacer,
y deseaban presentes a El ofrecer.
CORO:
A Belén se van a los pies del gran Rey
a sus dones presentan delante de El;
el oro, la mirra e incienso le traen,
y postrados delante de El ellos caen.
REPITAN CORO:

El Día de los Reyes Magos

(Enero 6)

El día de Reyes, por fin ha llegado,
no hay día en el año, que sea mejor.
Juguetes, muñecas, y dulces también,
han traído al niño que ha portado bien.
El día de Reyes, por fin ha llegado,
no hay día en el año, que sea mejor.

(The music for this popular song is given on the following page.)

El Día de los Reyes

6

Entre la Navidad y la víspera de Año Nuevo

El Día de Todos los Inocentes
(The Day of All Innocents)

On December 28th, four days after the birth of the Child Jesus, King Herod, in his jealous fury, ordered that all babies be put to death. No boy baby was to be spared; in this way the king felt sure that the new-born King should not disturb his rule. This day, then, is known as *El Día de Todos los Inocentes* in all Spanish countries. It has come to be considered as the Spanish "April Fool's Day," and many practical jokes are played. Let us watch a few:

SCENE: *a Spanish courtyard. To one side, a greased pole; to another a large tub filled with fruits. Ropes are stretched across the upper part of the stage, with the ends concealed at one side so that the ropes can be raised or lowered. A piñata hangs in the center of the stage on one of the ropes. On a table are a frying-pan partly filled with ashes (in the ashes, which can not be seen too clearly are several pieces of money); several signs which can be pinned on the backs of the Inocentes, etc.*

DIRECTOR: We should like to have several volunteers from our audience to assist us in the demonstration of this "old Spanish custom." (*The volunteers are then brought up to the stage and are seated in chairs across the back of the stage. It is now left to the ingenuity of the director and his assistants to carry out the practical jokes, listed below. Naturally, the success of the skit depends upon his ability to carry it along with animation and good fun. The funniest jokes should of course be played on those who are most active in the school or club; and they should not know beforehand what is going to be done.*)

1. Climb the greased pole to rescue a beautiful lady on the balcony, or get a bag of sweets at the top of the pole. This is called *cucaña.*

2. Give sticks with spear heads to several who must dig into the tub of fruit to see who can get the most. This is called *zambullir en la tina.*

3. One boy is blindfolded and told that he is to break the *piñata.* (See the game of breaking the *piñata* for directions.) However, the rope to which the *piñata* is fastened can be raised or lowered from the other side of the stage, so that the poor victim never succeeds in breaking it.

4. Another is blindfolded and told to try to get the piece of money out of the frying-pan in his mouth. It should be very easy! But, when he raises his face with the coin in his mouth, his nose is covered with ashes! These, and similar tricks are called *virotes*.

5. While the victims are being busily occupied, some one can artfully pin some signs on their backs, or a cartoon. This game is called *maza* in Madrid, and *llufas* in Barcelona.

6. The game of *olla* consists in the effort of two boys to break a jug, or bag, which hangs suspended from a rope across the stage and which moves back and forth with the blows of the stick. When the bag is finally broken, a shower of confetti falls over the two victims.

7. This festival ends with a medley of shouts, pounding on doors, playing a variety of musical instruments and a greater variety of tunes, and a great deal of laughter, because Herod was fooled!

Juegos

1. *Pum-puñete*

The players place their closed fists one on top of the others forming a high column. The director begins to count, from the bottom up, touching each first and saying this verse, as he goes along:

> ¿Cómo se llama éste?

(Answer) —Pum-puñete.

(Director)—¿Y éste?

> —Cascabelete. (*etc. to the top.*)

If any one speaks out of turn, that is, when his fist has not been touched, he pays a forfeit. (Just try this!)

When the director reaches the top, he says:

—¿Qué hay aquí dentro?

(Answer) —Oro y plata.

—Al que se ríe, se matraca.

All the players now inflate their cheeks, and go about with clenched fists trying to hit the cheeks of the others, thus causing them to make a noise. The first one who laughs pays a forfeit, and the last one to keep his cheeks inflated receives a prize.

2. El León Enfermo

This is a most hilarious game. All the players have been given secretly the name of an animal, and no one tells what animal he is to be. All sit in chairs in a circle, the director stands in the center, and "the sick lion" lies on the floor. The director begins to tell, in English or Spanish (depending upon the ability to speak and understand of the players), a story of the various animals who went to call on *el león enfermo*. As he names the various animals each stands and imitates in sound or actions his animal. Occasionally the poor sick lion gives a terrible moan. Finally, the director says *todos los animales,* and every one stands and imitates his animal, all in a chorus, and the game ends.

3. La Tienda

This game is similar to "Going to Jerusalem." All the players have taken the name of a fabric—velvet, silk, etc.—and are seated in chairs arranged in a row alternating back and front. The director begins to skip around the chairs, reciting this verse:

Yendo por la calle arriba,
yendo por la calle abajo,
me compré alguna *seda, etc.

The one who has *seda* for her fabric rises and follows the director around the chairs. As soon as every one has been called, it is necessary to find a chair and sit quickly. Since there is one chair fewer than the number of players, one person is forced to leave the game. A chair is removed, and the game proceeds as above. The chairs may be removed two at a time to speed up the game if there are a good many players.

4. *Juego de los Coles*

This is a form of "tag." One person is a head of cabbage; he has several "protectors" whose duty it is to keep the other players from picking cabbage leaves from the head of the "victim": the "leaves" may be any article that can be easily removed, handkerchief, ring, shoe, hat, etc. When the enemy side has collected ten "leaves," it is considered victor, and then has to protect its "cabbage" head from the opposing side. The head of cabbage is not permitted to move, but the protectors may move about as they choose.

5. A *"Counting out" verse to see who is "IT."*

Quirirín quin paz,
Quirirín quin puz,
Aquí el buz,
Allí el baz,
Tras, tris,
Tros, trus,
Quirilín quin paz,
Quirilín quin puz.

6. *Sal, Salero, Vendrás Caballero.*

This game is similar to "hide and seek." The players are standing in a circle and one is in the center blindfolded. He goes around the circle tapping each person and reciting this verse:

> Sarabuca,
> de rabo de cuca,
> de acucandar,
> que ni sabe arar,
> ni pan comer,
> vete a esconder
> detrás de la puerta
> de San Miguel.

The person who is touched as he says *Miguel* runs away to hide. The verse begins again as before, etc. until all have hidden. The one who was blindfolded now removes the bandage and tries to find the others, reciting as he goes about:

> Sal, salero,
> vendrás caballero
> en la mula de San Pedro.

Those who get to base without being caught escape, and the last one caught is "it."

7. *Esta Ballesta . . .*

A group of persons stand in a circle holding with both fists onto a cord which extends all the way around the circle. Somewhere on the cord and hidden in a fist is a bolt, which the players must keep hidden from the one who stands in the center reciting:

Esta ballesta,
trabajo me cuesta,
decir la verdad; esta ballesta,
dice mi madre que está en ésta.

And he points to a hand where he suspects the bolt is. If he guesses correctly, he takes a place in the circle and the one who had the bolt takes his place in the center and recites the verse. If he is wrong in his guess, he must continue in the center reciting the verse until he finds the bolt.

8. *Enigmas*

The Christmas season in Spain and Mexico finds the merrymakers doing charades, both in verse and prose. Biblical stories are popular. The following can be used as a good example of a charade:

Cap. XIV, Libro de Jueces: "Esto vio Sansón, camino de Timma: He aquí que un león le salió al encuentro rugiendo. El espíritu del Jehová tomó a Sansón, que desgarró al león como si se desgarrara a un cabritillo, sin tener nada en la mano; y no dio a entender a su padre ni a su madre lo que había hecho . . . Después de algunos días se apartó para ver el cuerpo muerto del león, y he aquí en el cuerpo un enjambre de abejas y un panal de miel . . ." etc. (*q. v.*)

9. *Adivinanzas*

Guessing games are another excellent diversion. During the early part of the evening's entertainment, several of the guests have taken something belonging to another guest without the owner's suspecting it; the object is now put in some inconspicuous place on the person who took it. He recites or sings (to the music of the *villancicos*):

Una cosa me he encontrado;
cuatro veces lo diré.
Si su dueño no aparece,
con ella me quedaré.

The owner should be able to recognize his lost possession,
before the one who has it can sing the verse four times.

10. *Adivina dónde está . . .*

For all games where searching is required, all Spanish
children recite the verses which follow to tell the one who is
searching whether he is "hot" or "cold":

Frío, frío, frío,
como las aguas del río.

and

Calor, calor, calor,
que se quema, que se quema.
¡Que se quemó!

Gori-gori-gori, gore-gore-gore,
vamos a enterrar este pobre,
pero no tiene dinero,
para pagar el entierro.
Gori-gori-gori, gore-gore-goreeeeeee. (*Recited
with the same rhythm as a Rah-rah-rah.*)

7

La víspera del Año Nuevo en España

Víspera de Año Nuevo

SCENE: *The plaza of a Spanish city or town; it is 11:45 on New Year's Eve. The only setting necessary for the presentation of this skit is a large town clock, which at midnight will strike slowly, clearly and loudly twelve beats. Those who participate in this scene are dressed in carnival attire; they blow whistles, throw confetti and serpentines, wear masks, and laugh and talk gayly. One or two vendors with baskets hanging by cords around their necks call out their wares for sale: confetti, sweets, grapes, etc. The custom of eating grapes as the clock strikes twelve midnight will be explained in this playlet.*

VENDOR: Uvas, uvas, uvaaaas. ¿Quién quiere uvas? ¿Quién quiere uvas? Uvas, uvas, uvaaaaas.

MARGARET: (*Entering from the left with John*) Oh, come on, John. This is the Plaza Mayor. Let's join the merry-makers . . . What are they all carrying in their hands?

JOHN: Grapes, Margaret. You know the old Spanish custom of eating grapes on New Year's Eve. When the clocks begin to strike twelve tonight, everybody will start eating his grapes one by one. If he chews and swallows twelve grapes while the clock is striking twelve, he will have money and good luck all the year. But if he coughs or chokes, woe to him! And if he hasn't swallowed all the grapes when the clock ceases striking, he will have miserable luck . . .

MARGARET: Oh, how interesting! Here, muchacho, come here; we want to buy grapes, don't we, John? Muchacho, dos paquetes de uvas. Sí, dos paquetes, porque mi amigo y yo queremos buena suerte.

VENDOR: Sí, sí, señorita. (*The purchase is made and the two North American friends go over to one side, talking gaily in the crowd of merrymakers. At this point, some one will come forward playing a guitar or any other musical instrument.*)

GUARDIA: Divertirse, amigos, divertirse, pero sin estorbar el paso.

A MAN: ¿Eh? ¿No sabes que soy sordo?

GUARDIA: Pase usted adelante; no estorbe el paso.

ANOTHER MAN: (*To his wife*) No tienes que cansarte, mujer; no me marcho de aquí en toda la noche.

WIFE: ¿De veras?

HUSBAND: Desde la fiesta me voy a tomar las doce uvas a ver si saco buena suerte.

A MASKED MAN: ¡Chito! ¿Qué es eso?

HUSBAND: Nada, hombre, nada.

MASKED MAN: Muchachos, vengan acá, aquí hay un marido enfadado en Vísperas de Año Nuevo.

DANCE GROUP: ¡A un lado! ¡A un lado! Si no hay espacio, ¿cómo vamos a bailar? (*The groups separate to the sides of the stage so that a dance can take place in the center. Two dances are here suggested, both of which are very effective:* The Bronze Spear *and* The Mexican Hat Dance, *by the* Vestoff-Serova Studio, 47 *West* 72nd *Street, New York City.*)

A MASKED YOUTH: (*To a Masked Girl*) ¡Dime quién eres! No te conozco.

GIRL: ¿A qué me miras tanto, si no me conoces? Te conozco a ti.

YOUTH: Pues, bien, dime quién soy yo.

GIRL: Más ruido armas tú solo que todos los otros . . . Pues, ven acá, Pablo, donde todos podamos oir . . . van a cantar.

OLD MAN: (*Coming forward and shouting hilariously.*) Niños, sean buenos y caritativos. Niños y jóvenes de hoy, que después, pasados los años, cuando sean hombres, recogerán el fruto de sus buenas acciones.

A MAN: Calle usted, que van a cantar.

OTHERS: ¡Silencio! ¿No hay quien haga callar a esos locos? ¡Silencio!

A MAN: ¡¡¡Vamos a la fiesta!!! ¡Vamos a cantar! !Que canten! ¡Que canten!

VENDOR: Uvas . . . uvas . . . ¿Quién quiere uvas?

GUARDIA: A un lado, a un lado.

(*At this point, there may be some singing in groups or solos. Some suggestions are:* Clavelitos, *which may be sung by one girl who passes about the stage throwing carnations to the merrymakers and into the audience as well; any of the songs in the collection* Mexican and Spanish Songs, Oliver Ditson Company, Lyon and Healy, Inc. Chicago; *or in* Canciones Populares, The Thrift Press, Ithaca, New York.)

VENDOR: Uvas, uvas, uvas de la suerte.

(*Enter two Lovers.*)

LOVER: (*Singing to his sweetheart. This poem can be sung to the tune of the first* Villancico *given in this booklet.*)

> Son tus ojos dos luceros,
> son tus ojos dos fanales
> que parecen candeleros,
> de una venta de . . . tomales . . . (*With a gesture of poking fun at his ladylove*)

SWEETHEART: (*Answers in a saucy singing tune, the same as the above*)

> Yo me enamoré de noche,
> y la luna me engañó;
> otra vez que me enamore,
> será de día y con sol.

LOVER: (*Singing in the same tone*)

> Tú me dices que estoy loco,
> yo te confieso que sí;
> que si loco no estuviera,
> ¿cómo te quisiera a ti?

(*The two lovers go away, laughing and throwing confetti.*)

OLD MAN: (*Sings in the same tone*)
        Si quieres que el dinero
        nunca te falte,
        el primero que tengas,
        nunca lo gastes.

(*The clock begins to strike its slow, loud beats. It is the New Year! With one loud shout, every one present drops what he has in his hands and begins to eat the twelve grapes. It is a serious project, for he who fails to swallow the last grape before the end of the striking will surely have bad luck all through the year. Fortunately every one finishes in time, and with the throwing of confetti and loud shouts they all cry:*)

ALL: ¡Feliz año nuevo! ¡Salud y prosperidades!

MARGARET: Happy New Year, John.

JOHN: Happy New Year, everybody at home and in Spain!

HUSBAND: ¡Año nuevo, vida nueva!

WIFE: ¿Cómo? ¿Qué dices tú de vida nueva?

HUSBAND: Nada, preciosa.

VENDOR: (*Singing*) Bueno, señores . . .
        Con esta copla y con otra,
        se acaba el baile;
        por la puerta señores,
        se va a la calle. (*Shouts.*)

ALL: ¡Feliz año nuevo! ¡Buena salud! Buena suerte!

(*The curtain falls on a merry group, dancing, singing, playing the guitar, throwing confetti and serpentines, eating sweets, and calling out to the audience:*
        ¡Año Nuevo, vida nueva!)

Vocabulario

Vocabulary

acc. accusative
adj. adjective
aux. auxiliary
dim. diminutive
i. e. that is
imp. impersonal
inf. infinitive
f. feminine
m. masculine
pl. plural
sg. singular
— refers to the first entry
*irregular verb

A

abad, m. abbot
abajo, down
abeja, bee
abrir, to open
abuelo, grandfather; —s, grandparents
abundar, to abound
acá, here
acabar (se), to finish, end
acción, f. act, action
acechar, to look at intently
acera, sidewalk
acercarse, to approach, draw near
acompañad -o, -a, (de), accompanied (by)
acompañar, to accompany
acordad-o, -a, agreed, in accord, right
acortar, to shorten
acostumbrar, to accustom
adelante, on, forward
adentro, inside
adiós, goodbye
adivinanza, guessing game
adivinar, to guess
*adquirir, to acquire
adonde, where
adoración, f. adoration
adorar, to adore
adornar, to adorn
afanarse, to work, toil
aficionado, amateur
aflojar, to loosen

afortunad-o, -a, fortunate
Agnus Dei, (latin) Lamb of God
agradable, pleasant
agua, water
aguardiente, brandy
águila, eagle
aguinaldo, Christmas gift
ahora, now
aire, m. air
alarde, boast
albergue, lodging
alcalde, mayor
alcancía, money box
alcázar, fortress
aldea, village
alegre, happy, joyous
alegría, joy
alejar, to separate, to withdraw
algarabía, uproar
algo, something
algún, algun-o, -a, some, any
alma, heart, soul
almohada, pillow
alrededor de, around
alt-o, -a, high; a las altas horas de la noche, late at night
altura, height; en las —s, on high
alumno, pupil
allá, there
allí, there
amad-o, -a, beloved
amante, fond (of)
amargura, bitterness
ambiente, atmosphere
a menudo, often
amigo, friend
amiguito, dim. little friend
amistad, friendship
amor, m. love; —es, loving words.
ancho, wide
ancian-o, -a, old
andar, to go, walk
ángel, m. angel
angelito, dim. little angel
animación, liveliness
animado, lively
año, year
animal, m. animal
ante, before, in front of

112

armar, to arm; — ruido, to be noisy
armonía, harmony
aromar, to make fragrant
arpa, harp
arrancar, (qu) to pull out
arrastrar, to drag
¡arre!, get up there
arriba, up; para —, up
arrojar, to throw
ascender, to ascend
asegurar, to maintain
así, thus, so; — como, as sure as, just as
asistir, to attend, wait upon
asomar, to show
aspecto, sight, spectacle
astro, star
astrólogo, astrologer
atrio, court or patio in front of a church
aullido, moan
aun, aún, still, yet, even
aunque, although
auto, religious or allegorical play
ávido, anxious
ayuntamiento, town council
antemano, de—, beforehand
anteriormente, previously
antiguo, —a, old
antorcha, torch
anunciar, to announce
aparato, preparation, pomp
año, year
aparecer, to appear
apartarse, to leave, withdraw
apearse, to dismount
apenas, scarcely
aproximar(se), to draw near, to approach
those;— que, one who
aquél, aquélla, etc., that (one), he, she, etc.
aquí, here; por —, here, this way
árbol, tree, — Navideño, Christmas tree
arder, to burn
arena, sand
aristocracia, aristocracy

bagaje, m. beast of burden
bailar, to dance
baile, m. dance
bailecito, dim. of baile, small dance
bajar, to lower
balcón, m. balcony
ballesta, crossbow
banco, bench, bank
banda, f. band
bandeja, tray
bañar, to bathe
barrio, district, neighborhood
barro, clay
bastante, fairly, very
bastón, m. stick
bazar, m. bazaar, department store
beber, to drink
Belén, Bethlehem
bell-o, -a, beautiful
bendición, f. blessing
bendit-o, -a, blessed
benign-o, -a, kind
besar, to kiss
bien, well, indeed; m. pl. goods, property
bisabuelo, -a, grandfather, grandmother
blanc-o, -a, white
boca, mouth
boga, vogue
bolsa, bag
bolsillo, pocketbook
bomberos, firemen
bombón, candy
bonit-o, -a, pretty
borriquito, dim. of donkey, little donkey
bosque, m. woods
bota, shoe
brazo, arm
brillante, shinning
brillar, to shine, be on display
brocado, brocade
broma, joke, trick
buen, buen-o, -a, good
buey, m. ox
buque, ship
buscar, to look for

C

cabalgar, to ride
caballero, horseman, gentleman
caballo, horse
cabecera, see médico
*caber, to fit
cabeza, head
cabra, goat
cabritillo, dim. kid
cada, each, every
*caer, to fall
caja, box
calentar(se), to get warm
calor, m. warmth, protection, heat, hot
callar(se), to be silent
calle, f. street; — arriba, up the street; —abajo, down the street
cama, bed
cambiar, to change, exchange
camello, camel
caminata, long walk
camino, way, road; — de, on the way to
campana, bell
campanilla, dim. of bell
campo, country
canario, canary, whistle
canción, f. song
candelero, candlestick
cansad-o, -a, tired
cansarse, to grow tired
cantar, to sing
cántico, religious song
cantor, -a, singer
caos, m. chaos
cara, face
carbón, coal
carga, pack animal
caridad, f. charity; por —, by my faith
caritativ-o, -a, charitable
carita, dim. of face
carne, f. flesh
carrera, race
carro, car, float
carta, letter
cartero, postman
casa, house, home
casada, married woman

cascabelete, m. jingle-bells
casero, innkeeper
casi, almost
catar, to investigate, look at
caza, hunt
celebrar, to celebrate, observe, enjoy
celeste, celestial
cena, supper
centro, center
cerca, near
ceremonioso, ceremonial
cerrar, (ie) to close
ciclista cyclist
ciego, blind
cielo, sky, heaven
ciento, (cien) hundred
ciert-o, -a, certain; por cierto, certainly
ciudad, f. city
ciudadano, citizen
claridad, f. light
clase, f. class
clavel, carnation
clavelito, carnation
cobre, copper
cocer, (ue,z) to cook, to fire
cofre, m. coffer, box
coger, (j) to grasp, to hold

col, m. cabbage
colgad-o, a-, hanging
colocar, (qu) to place
color, m. color; de —, colored
comedor, m. dining room
comenzar, (ie,c) to begin
comer, to eat
comida, dinner; — de honor, dinner honoring a distinguished person or persons
como, how, like, as
¿cómo?, how?, what?
compás, beat
compasión, f. pity
competir, (i) to compete
comprar, to buy
con, with
concurso, contest
concurrid-o, -a, frequented, crowded
conducir, to lead

conducta, behavior
confesar, to confess
confieso, see confesar
congregar, (gu) to assemble
conmemorar, to commemorate
conmigo, with me
conocer, to know, recognize
conozco, see conocer
consideración, f. consideration, respect
considerar, to consider, contemplate
contar, (ue) to count
contemplar, to contemplate
content-o, a, joyful, happy
contigo, with you
continuar, to continue, be
convenir (con), to suit
convertir, (ie,i) to convert
convertid-o, -a, transformed
convidado, guest
convidar, to invite
convienen, see convenir
convocar, to call together
copa, drink
copla, couplet, verse
coqueta, coquettishly
corazón, m. heart
cordero, lamb
coro, chorus, group
corona, crown
coronad-o, -a, (de), crowned (with)
coronar, to crown
correr, to run
corresponder, to correspond, to belong
corrida, race, —de toros, bullfight
corte, f. court
cort-o, -a, scanty, short
cosa, thing
cosecha, crop
costar, to cost; — trabajo, to be difficult
costear(se), to be paid for
costumbre, f. custom; es —, it is customary
Creador, m. Creator
crear, to create
crecer, (zc) to grow
creer, to believe

criado, servant
criollo, native (especially Spanish-American)
Cristo, Christ
cuadro, picture
cual: el —, la —, los —es, las —es, which, who
¿cuál?, which?, what?
cualquier, -a, some, any
cuando, when
cuánt-o, -a, how much
cuatrocientos, four hundred
cubrir, to cover
cucaña, greased pole
cuento, story
cuerpo, body
cuidar, to care for
cumbre, peak of mountain, greatest height of favor
cumpleaños, m. sg. birth, birthday
cumplir, to fulfill
cuna, crib
cura, priest
curar, to spare, cure
cuy-o, -a, whose

CH

chacrita, small farm
champaña, champagne
chirimias, minstrels that play chirimía, an old musical instrument
chiste, m. joke
chistos -o, -a, funny, joking
chito, hush

D

dama, lady
danza, dance
dar, to give, strike; dale, hit it
de, of, from; — . . . para, from . . . to
dé, see dar
debajo de, underneath
deber, m. duty, obligation
decir, to say, tell, speak; dime, tell me
declarar, to seem, indicate
Deidad, f. Divinity, God
dejar, to leave, put aside, let
del: de +el

delante, before; **— de,** in front of

demás: los —, las—, the rest, the others

dentro, within; **de — de,** within; **por —,** within

deporte, sport

depositar, to leave

derramar, to pour out

derredor: en —, all around

derribar, to tear down

derrochar, to waste; **— se,** to tax

desafiar, to defy

desbordar, to get overexcited, to overflow

desconocido, stranger

descoyuntar, to put out of joint

descubrimiento, discovery, find

desde, from

desear, to wish, to desire

desenojar, to pacify

deseo, desire

desgarrar, to tear apart

despavorido, -a, terrified

despedirse, (i) to say goodbye, to take leave

despertar, (ie) to wake up

después, afterwards; **— de,** after

deuda, trespass

deudor, m. trespasser

día, m. day; **de —,** by day; **todos los —s,** every day

diadema, diadem

diamante, m. diamond

dibujo, drawing, design

dice, dices, see decir

diciendo, see decir

dicha, good fortune

dicho, p. p. decir

dichos-o, -a, blessed

diente, tooth; **—de leche,** baby tooth

digáis, see decir

dign-o, -a, worthy

digo, see decir

dije, dijo, see decir

dile, see decir + le

dime, see decir + me

dinero, money

Dios, God

dirán, diré, see decir

dirigirse, (j) to go; to address

disponible, available

distancia, distance

divertirse, (ie, i) to enjoy, to amuse oneself

dividido, -a see dividir

dividir, to divide

divers-o, -a, diverse

divertirse, to enjoy, amuse oneself

divin-o, -a, divine

doce, twelve; **a las —,** at twelve o'clock

dolor, pain

don, m. gift

donde, where, in which

dónde, where

dondequiera (que), wherever

dormir, to sleep

dos, two

dromedario, dromedary

duda, doubt

dudar, to doubt

dueño, owner

duerme, duermen, see dormir

dulce, sweet; **—s,** sweets, candy

durante, during

duro, coin worth five pesetas

E

e, and

echar, to cast, to throw, **-a vuelo las campanas,** to ring the bells

edad, age

efecto, effect; **para este —,** for this purpose

efusivo, warmth of manner

ejército, army

el, la, lo, los, las, the; **a — que,** to him, her, those, who etc., to the one that

él, he him, it

elegir, to choose

ella, she, her, it

ell-as, os, they, them

emocionante, thrilling

empezar, (ie, c) to begin

emprender, to begin, undertake

empuñar, to grasp

enamoradizo, inclined to fall in love

116

enamorar, to soften with sweetness;
　—se to fall in love
encabezar, (c) to head
encaminarse, to star out
encarecimiento, exaggeration
encargado, -a, a person in charge
encender, to light, to inflame
encendid-o, -a, red
encogerse, to seek shelter
encontrar, to find
encuentro, encounter; salir al —, to
　come out to meet
enero, January
enfadad-o, -a, angry
enfadarse, to become angry
enfermo, -a, sick
engalanar, to adorn
engañad-o, -a, deceived, mistaken
engañar, to deceive; —se, to be mis-
　taken
engrandecer, (zc) to exalt, to enlarge
enjambre, m. swarm
enjugar, (gu) to dry; to wipe off
　moisture
enseñar, to teach, show
entender, to understand; dar a —, to
　inform
entendimiento, mind, understanding
enterrar, to bury
entierro, burial
entonar, to sing
entonces, then, there
entrada, entrance
entraña, entrail
entrar, to enter
entre, between, among
entreabierto, half opened
entregar, (gu) to hand over
entusiasmo, enthusiasm
enviar, to send
envidioso, envious
envolver, to wrap
envuelt-o, -a, wrapped
envuelve, see envolver
era, see ser
eres, see ser
errad-o, -a, wrong, mistaken
es, see ser
escalera, stairs

escarcha, frost
escena, scene
esclavo, slave
esconder, to hide
escribano, scribe
escribir, to write
escrit-o, -a, written, in writing
escritura, writing
es-e, -a, -o, -os, -as, that, those
esfuerzo, effort
esmeralda, emerald
espacio, space, room; por — de
　tiempo, for a long time
espalda, back; a las —s de, behind
España, Spain
español-a, Spanish
esparcir, to spread
epidemia, epidemic
espíritu, m. spirit, feeling
espléndid-o, -a, sumptuous
esposa, wife
está, están, see estar
establo, stable
estar, to be
est-e, -a, -o, os, -as, this, these
ést-e, -a, -os, -as, this (one), he, him,
　she, her, etc.
esté, see estar
estorbar, to hinder, block
estoy, see estar
estrado, dais, for a throne
estrechar, to tighten
estrecho, -a, narrow
estrella, star
estuviera, see estar
etern-o, -a, eternal
exclamar, to exclaim
exhibir, exhibit, exposition
expresado, see expresar
expresar, to express
expuesto, -a, displayed
existir, to exist, be
expuest-o, -a, displayed
extender, (ie) to extend
extranjer-o, -a, strange

F
fabricar, (qu) to make, to fabricate
fals-o, -a, false, fictitious

faltar, to be lacking
fama, reputation
familia, family
fanal, m. lantern
farol, lantern
favorit-o, -a, favorite
fe, f. faith; por mi —, on my word
fecha, date
felicitar, to congratulate, wish well
feliz, happy
feria, fair
feroz, wild
festejar, to celebrate
fiar, (i) to trust, to borrow on credit
fiel, faithful
fier-o, -a, fierce
fiesta, feast, merriment; día de —, feast
figurar, to figure
fijo, fixed
fila, line
fin, m. end; a — de que, in order that, so that; por —, finally, al final, finally
finalizar, (c) to finish; to end
finalmente, finally
firma, signature
flauta, flute
flautín, flute
flor, f. flower
florecer, (zc) to bloom
fogata, bonfire
fondo, background
forma, form
forma, form
formar, to make
fragrancia, fragrance
frente, in front; — a, in front of, opposite
frescura, freshness
frí-o, -a, cold; m. cold
frondosa, leafy
fruto, fruit
fue, fueron, see ser
fuego, fire
fuerte, strong
fulgor, m. brilliance
función, show
funcionar, to work, run

futbol, football game

G

gaita, popular music of Venezuela
galante, m. gentlemen
gallito, dim. of gallo, small cock
gallo, cock; see misa
ganado, flock
ganar, to earn, to win
garbo, grace, skill
gastar, to spend
general, general, usual; en —, in general, usually; por lo —, generally
generalmente, generally, usually
generos-o, -a, generous
gente, f. people
geográfica, geographical
gloria, glory
glorificar, to glorify, praise
gota, drop
gracia, grace
graciosa, graceful
gramaturgo, grammarian
gran, grande, large, great
grandeza, importance, greatness
gritar (de), to shout (with)
guardar, to guard
guardia, m. policeman
guerra, war
guiador, guiding
guiar, to guide
guitarra, guitar
gustar, to enjoy, like
gusto, pleasure

H

ha, han, has, see haber
haban-o, -a, Havana
haber, to have (aux.), be (imp.); hay, there is, there are; hubo, there was, there were; — de + inf., to be to, will; poco tiempo ha, a short time ago; no habrá más, probably no more; he aquí, behold
habitante, inhabitant
hablar, to speak
habrá, see haber
hacer, to do, make, transform; hace mucho frío, it is very cold; — el

recorrido, to go up and down; hace tiempo, for a (long) time; no sé qué me haga, I do not know what is happening to me

hacia, toward

haga, hagamos, see hacer

hallar, to find

harto, fed up

hasta, until, to, as far as; —que, until

hay, see haber

he, hemos, see haber

hebra, string

hecho, p. p. hacer

helad-o, -a, frozen

helo, behold

hembra, woman

heredar, to inherit

hermos-o, -a, fine, beautiful

hermosura, beauty

Herodes, Herod

hicieron, see hacer

higo, fig

hijo, son

Hispano-América, Spanish-America

hogar, m. home

hoja, leaf

hombre, m. man

hondo -a, deep

honor, m. honor, dignity

hora, hour; — de visita, visit, call; — y luego, now and then

horitas, dim. of hour

hospedar, to give shelter to

hoy, today

hubieron, hubo, see haber

huelen, see oler

huella a la, get going

huérfano, orphan

huésped, guest

hueste, f. host

huevo, egg

humanado, to become man

humanidad, f. humanity

human-o, -a, human

humilde, m. servant; adj. humble, humbly

humillarse, to humiliate oneself

humor, m. humor, disposition

I

iglesia, church

ignorar, to be ignorant of

igual, equal

iluminada, lighted

iluminar, to illuminate

imaginar, to imagine

imitar, to imitate

impaciencia, impatience

imperio, empire

importar, to import

improvisar, to improvise

impuesto, tax

incienso, incense

*incluir (y), to include

inconveniente, inconvenient, objection

indicar, to indicate, typify

indio, -a, Indian

indisposición, f. indisposition, illness

infancia, infancy

infantil, childlike

inferior, inferior, less fortunate

inglés -a, English

informal, informal

ingenio, wits

inhuman-o, -a, inhuman

inmens-o, -a, infinite

inocente, innocent

Inocente, m. Day of all Innocents = Los Santos Inocentes, name given to the children ordered killed by Herod (the Spanish April Fool's Day)

instrumento, musical instrument

intérprete, m. interpreter

ir, irse, to go; — a + inf., to be going to . . . ; vamos, let's go.

izquierdo, -a, left

J

jabón, soap

jaleo, merrymaking

jarana, small guitar

jardín, m. garden; — zoológico, zoo

jarro, m. pot

Jeremías, Jeremiah

José, Joseph

jornada, journey

joven, m. young man
juego, game
juez, m. judge
juguete, m. toy
junt-o, -a, together
just-o, -a, just, righteous
juzgar, to rule, judge

L

ladrar, to bark
lado, side
lagartija, lizard
lanzar (z), to fling oneself, to throw
largo, -a, long
lavar, to wash
lazo, bond, tie
leche, milk
leer, to read
lejano, distant
lejos, far, far away
lengua, language, tongue
lentamente, slowly
león, m. lion
les, them, to them
ley, law
libra, pound
librar, to spare, deliver
licor, m. liquor
ligado, -a, see ligar
ligar, to bind
ligero, -a, light
limpiar, to clean
límpido, clean
lindo,-a, beautiful
lobo, wolf
loc-o, -a, crazy (person)
lodo, mire, mud
Lope de Vega, a great Spanish dramatist of the 17th century, author of 2000 dramatic pieces
lucecita, dim. tiny light
lucero, bright star
luces de vengala, sparkler
lucir, to shine
luego, then, later
lugar, m. place
luminaria, light
luna, moon
luz, f. light

LL

llamad-o, -a, called
llamar, to call; —se, to be named
llanto, cry
llegar, to arrive
llenar, to fill
llen-o, -a, (de), full (of), filled (with)
llevar, to have, carry, take
llorar, to cry
llover (ue), to rain
llufa, see maza
lluvia, rain

M

maceta, flower pot
madera, wood
madre, f. mother
maestro, teacher
Mago, Magus; pl. Magi
mal, m. evil, illness, bad omen, temptation
mandar, to send, rule
manera, manner
manjar, food, dish
mano, f. hand
manso, gentle
mantilla, shawl
mañana, morning; por la —, in the morning
máquina, machine
maravilla, marvel
marcha, journey
marcharse, to leave
María, Mary
marido, husband
mas, but
más, more, most, again; — . . . que, more . . . than; por — . . . que, however much
mastín, m. mastiff
matinal, of the morning
matraca, noisemaker
matracarse, to be a "dunce"
maullar, to mew
mayor, greater, larger, older, greatest; en la — parte de, in most of
mayordomo, majordomo
mayoría, majority

maza, something noisy tied to a dog's tail

mazapán, m. marchpane (a kind of sweetmeat composed of a paste of pounded almonds, sugar, etc.)

me, me, to me

mecerse, to swing

médico, physician; — de cabecera, physician in charge

medi-o, -a, half, middle; en — de, in the midst of

medievales, medieval

medir, to measure

mejor, better, best

melancolía, melancholy

menos, less

mercado, market

merecer (zc), to deserve

mensaje, message

mes, m. month

mesa, table

mesón, m. inn

mezclad-o, -a, mingled, mixed (with)

mi, my

mí, me

mis, my

mide, see medir

miel, f. honey

mientras, while

milagro, miracle

ministro, minister

mí-o, -a, my, mine

mirar, to look at

mirra, myrrh

misa, Mass; — del gallo, Midnight Mass

mism-o, -a, self, himself, etc., very

misterio, mystery

mitad, half

modificar, to modify

moldar, to mold

molestar, to bother

moneditas, little coins

monte, m. mountain

morada, dwelling

morir, to die

mortal, mortal, human

mostrar, to show

motivo, reason

movimiento, movement

muchacho, boy

much-o, -a, much, very; pl. many; lo son —, they are very much so

muérdago, mistletoe

muerte, f. death

muert-o, -a, dead

mujer, f. woman, wife

mujir, to moo

mula, mule

multiplicar (qu), multiply

mundo, world

muñeca, doll

música, music; —s, songs, pieces of music

muy, very

N

nacido, see nacer

nacer, to be born, come into view

Nacimiento, scene representing the Nativity

nada, nothing, anything

nadie, no one, nobody

naturaleza, nature

Navidad, f. Christmas, Christmas season

Navideño, pertaining to Yuletide

necesidad, f. necessity

necesitad-o, -a, needy, poor people

nevado, snowy

ni, nor, either, neither

nieve, f. snow

Niñito, dim. Child Jesus

niño, boy, baby; Niño, Child Jesus; —s, children

no, no, not

noble, noble

noche, f. night; de —, at night a media —, at midnight; por la —, during the night; otra —, tomorrow night; — de paz, holy night

Nochebuena, Christmas Eve

Noel, Christmas

nombre, m. name

nos, us, to us

nosotr-os, -as, we, us

nube, cloud
nublar, to cloud
nudos-o, -a, knotty
nuestr-o, -a, our
nuevamente, once more
nuev-o, -a, new
nunca, ever, never
nuncio, messenger

O

o, or
obligatorio, compulsory
obscur-o, -a, dark
obsequiar, to give (a gift)
obsequio, gift, attention
occidente, m. west
ochocientos, 800
ocupad-o, -a, busy, occupied
ocuparse (de), to be busy, pay attention (to)
ofrecer, to offer, present
ofrezco, see ofrecer
oir, to hear
ojito, dim. little eye
ojo, eye
olvidar (se), to forget
olla, pot
oler (hue), to smell
ondú, Spanish-American dance
oportun-o, -a, opportune, seasonable
oración, f. prayer
orden, f. order, series; por su —, in succession
ordenar, to order
ordinari-o, -a, usual, customary
oreja, ear
organizar (c), to organize
originar, to originate
oriente, m. east
oro, gold
os, you (old polite form of address, both singular and plural)
osar, to dare
otr-o, -a, another, other
ovación, f. ovation, welcome
oveja, flock, sheep
ovejuela, dim. ewe
oye, oyen, see oir

P

paciencia, patience
padre, m. father
pagar, to pay, pay for
pago, in gaucho's language place where a person was born or raised
país, country
paja, straw
pájaro, bird
pajarito, dim. small bird
pajiza, made of straw
palcar, to beat
palear, to beat
palillo, dim. castanets
palma, palm
paloma, pidgeon
pan, m. bread
panal, m. honeycomb
pandereta, dim. tambourine
panetón, sweet bread (Perú)
pañal, diaper
paño, cloth
paquete, m. bag, sack
par, m. pair; al — que, while
para, to, in order to, for; — que, in order that
parabien, congratulation
parecer, to seem, resemble; a mi —, in my opinion
pareja, couple
pariente, m. relative
parque, park
parte, f. part
partido, game
pasad-o, -a, past; pasados los años, many years hence
pasar, to pass, walk, flow
pascuas, holiday, i.e. any one of the Church feasts (Christmas, Easter, Pentecost, Twelfth-night, etc.)
paso, way, passage
paspié, Spanish-American dance
pastas, candied fruit, dough
pastel, pie
pastor, m. shepherd
pastoral, m. short, dramatic piece of shepherd's life

pastorcito, dim. of pastor
pastorela, see pastoral
patio, inner court
pausa, pause
pavo, turkey
paz, f. peace
pecador, m. sinner
pedir, to ask (for)
peinado, hairdo
pena, suffering
penetrar, to penetrate
pensar, to think
peña, large rock
pequeñ-o, -a, small, minor; los pequeños, the children
pequeñez, smallness, infancy
percibir, to see, perceive
perder, to lose; — el tino, to miss
perdonar, to forgive
peregrinación, pilgrimage
peregrino, traveller
permitir, to permit, allow
pero, but
perro, dog
persona, person
personaje, character (in a book or play)
pertenecer, to belong
pesebre, m. manger
pide, pido, see pedir
pie, m. foot
piedra, stone
pierdas, see perder
pieza, piece
piñata, bag filled with candies, nuts, etc.
pita, whistle
placer, to please; ¿qué os place? what do you wish?; m. pleasure, joy
plantita, dim. of plant, small plant
plata, silver
plaza, public square
plenitud, f. plenty
pluma, feather, pen
población, f. city
pobre, poor, poor fellow
pobreza, poverty
poc-o, -a, little; un —, a short while

*poder, to be able, can; m. power
podremos, see poder
policía, m. policeman
ponche, punch
*poner, to put, place; —se, to become, be; —se en el entendimiento, to occur to one
pongo, see poner
por, for, by, in favor of, for the sake of, as
porfiar, to insist, maintain
porque, because, in order that
portador, carrier
portal, m. entry
portar(se), to act, conduct oneself
portero, porter
posada, inn, lodging
postrad-o, -a, prostrate
potestad, f. potentate
precios-o, -a, dearest one
preferid-o, -a, chosen
preguntar, to ask
premiar, to reward
prenda, f. jewel
prender, to fasten, to burn
preparativos, pl. preparations
presencia, presence
presentar, to present, give gifts
presente, m. present, gift
prestar, to lend; — atención, to pay attention
prevenid-o, -a, provided
primer, primer-o, -a, first; lo primero, the first thing
principal, most important
principiar, to begin
probar, to prove, test
procenio, m. front of stage
procesión, f. procession
prodigio, marvel
profecías, prophesy, prophesies
profusamente, profusely
propio, own
propietario, owner
prominente, prominent, important
prosperidad, f. prosperity
proveerse (de), to provide oneself (with)
puede, pueden, puedo, see poder

puerta, door, gate
pues, then, well, since
puesto, p. p. poner
pulido, polished
pum, bang!
puñete, fisticuff
pur-o, -a, pure; m. cigar
puso, see poner

Q

que, that, who, which, for, than; **el
— , la —,** etc., which, the one who;
lo —, what
¿qué?, what?, what a?, how?; **¿por
—?,** why?; **¿a —?,** why
quedaba, see quedar
quedar, to remain; **—se con,** to keep
quemar, to burn; **—se,** to burn up
querer, to wish, want, love
querid-o, -a, dear, beloved
querrá, see querer
querubín, cherub
queso, cheese
quien, who, whom, one who
¿quién?, who, whom
quiere, quieren, quieres, quiero, see
querer
quiso, see querer
quisiera, see querer

R

rabí, m. rabbi
racimo, cluster, group
ramo, branch
randal, cloth made like lace
raro, scarce, strange
rayar, to streak, as the day appears
rayo, ray
razón, f. word
real, royal
reata, rope
rebuznar, to bray
recepción, f. reception
recibir, to receive
recién, recently, newly
recoger, to reap
recompensar, to recompense
reconocer, to recognize
recorrer, to travel; — con la mirada,

to look over
recorrido, distance traveled
recreo, recreation
recordarse, to remember, recall; **recuérdase,** one can well remember
recuérdase, see recordarse
recuerdo, remembrance
Redentor, Redeemer
redil, m. sheepcot
redond-o, -a, round
*reducir, to reduce
regalar, to give (a gift)
regalado, moderate; temperate
regalo, present, gift
regocijo, gladness
reina, queen
reinar, to reign
reino, kingdom
reir (se), to laugh (at)
relato, account
religios-o, -a, religious
rematar, to finish, to action
remedio, remedy, redemption
remplazar, to replace
rendid-o, -a, worn out
reparten, see repartir
repartir, to distribute
repastar, to pasture
repicar, to ring
repuest-o, -a, recovered
respeto, respect; **de —,** respected;
persona de —, one's superior
resistir, to resist, to bear
respirar, to breathe
resplandor, m. splendor
responder, to answer
restallar, to crackle
resucitar, to bring to life
resultar, to result
resurgir, to reappear, rise again
**retórioo, rhetorician
reunir, to gather
reverencia, reverence
revés: al —, backwards, upside down
rey, m. king
Reyes = El Día de los Reyes Magos,
the feast of the Magi (January
6th)
rezar, to pray

ric-o, -a, rich
ríe, see reir
riendo, see reir
río, river
risa, laughter
roble, m. oak tree
rocío, dew
rogar, to pray, beseech
rojizo, redish
romería, pilgrimage
romero, rosemary bush
romper, to break
roncar (qu), to snore
ropa, clothes
rosa, rose
rosario, rosary
rostro, face
rueda, wheel, — de la fortuna, wheel of fortune
ruega, see rogar
rugir, to roar
ruido, noise
ruleta, roulete
rumbo, direction, manner, custom

S

saber, to know, learn
sabido, see saber
sabio, wise man
sabor, flavor
saborear, to find delicious, to taste
sabré, sabremos, see saber
sabroso, tasty
sacrificio, sacrifice
salón, large room, hall
sagrad-o, -a, holy
sal, f. salt
sala, room, living room; — de banquete, large dining hall
salero, saltcellar
salir, to leave, enter, come out
salto, jump; dar —s, to leap (with joy)
salud, f. health, good tidings
saludar, to greet
Salvador, m. Savior
salvar, to save; Dios os (te) salve, God bless you
san, sant-o, -a, saint, holy

Sansón, Sampson
santificad-o, -a, hallowed
se, himself, herself, itself, yourself, themselves, etc.; to or for himself, etc.; one, they; sign of the passive voice
sé, see saber
sea, sean, seas, see ser
seco, dry
sed, thirst
seda, silk
seguid-o, -a, successively
seguir, to continue, go on, follow
según, according
segund-o, -a, second
segur-o, -a, sure, certain; de —, surely
seis, six
semblante, m. countenance
sencillo -a, unaffected
senda, path
sentad-o, -a, (a), seated (by)
sentarse (a), to sit (by)
seña, signal
señal, f. sign
señor, Mr., sir, lord; Señor, Lord
Señora, Lady, the Blessed Virgin
señorita, Miss, girl
ser, to be; no sea, lest it be
serafín, m. angel
sereno, night watchman
servicio, service, servants
servir (de), to serve (as)
si, if, whether
sí, yes; himself, herself, themselves, etc.; que —, that it is true
siempre, always
sigan, see seguir
significar, to signify
siguiendo, see seguir
siguiente, following
silencio, silence
sin, without
sino, but
simbólico -a, symbolic
sirena, siren
sirviente, m. servant, house servant
situado, placed
soberan-o, -a, proud

sobre, upon, over; — **todo,** especially

*****sobresalir,** to excel

sociedad, society

sois, see ser

sol, m. sun

soler, to be accustomed; **suele ser,** usually is

solicitar, to ask for; to beg

solo, solo (music)

sol-o, -a, alone, single

somos, see ser

sonaja, rattle

son, m. voice, sound; **vb.** see ser

sonar, to play, sound, blow, be heard

sonoras, sonorous

soñalient-o, -a, sleepy

Sor, sister of a religious order

sord-o, -a, deaf

sorpresa, surprise

soso, simple

sostener, to hold

soy, see ser

su, his, her, its, your, one's, their

suceder, to happen

suceso, event

suele, see soler

suelo, floor, ground

suenan, see sonar

sueño, sleep

suerte, f. fate, lot; **buena —,** good luck

sufrir, m. suffering; **vb.** to suffer

sum-o, -a, great

supuesto (por), of course

sumar, to add

surtido, supply, "goodies"

suscripción, f. subscription, contribution, assessment

suspiro, sigh

sustento, support, maintenance

suy-o, -a, his, her, its, their, etc.

T

taita mañuco, old Indian (Perú)

tal, such, such a; **otro —,** such a thing, another such

tamal, meal made of corn dough

también, also

tambor, drum

tan, so, such (a)

Tángor, mountains in Perú

tant-o, -a, so much, as much

tanto, so much

tarde, late

tarjeta, card, Christmas card

te, you, to you

techumbre, ceiling, roof

tejado, tile

tela, fine cloth

temprano, early

ten, see tener

tender, to spread clothes out to dry

tener, to have, hold, consider; — **que + inf.,** to have to, must; — **frío,** to be cold

tengas, see tener

tentación, f. temptation

tesoro, treasure

ti, you, thee

tiempo, season, time

tienda, shop

tiene, tienen, tienes, see tener

tierno -a, tender

tierra, land, earth

tina, tub

tino, aim

tiritar (de), to shiver (with)

tiro, shot, — **al blanco,** target shooting

tocadiscos, record player

tocar, to play

todavía, still; yet; even; even

tod-o, -a, all, every; **sobre —,** especially

tomar, to take, eat

torero, bullfighter

toros, bullfight

torre, f. tower

totalmente, totally

trabajar, to work

trabajo, work

traer, to bring

traigo, see traer

traje, m. suit, clothes

tras, after, toward

trasquilar, to shear

tratar (de), to try (to)

trencito, dim. of tren, little train
treinta, thirty
trece, thirteen
tres, three
triángulo, triangle
triste, sad
tristeza, sadness
triunfar, to triumph
trompeta, trumpet, bugle
tronco, trunk
tropa, army, troop
trovador, -a, troubador, minstrel
tú, you, thou
tu, your, thy
tunante, m. rogue
turrón, m. almond paste

U

último, last
un, un-o, -a, a, one; pl. some
uniformar, to standardize
unir, to unite
usar, to use, employ
uva, grape

V

va, vais, vamos, van, see ir
vaca, cow
valer, to be worth; vale, hail; válgame, have mercy on me
válgame, see valer
valiente, brave
vamos, vámonos, see ir, irse
vari-o, -a, changeable; pl. various,
  several
variedades, varieties
vaso, glass
ve, see ver
vecino, neighbor
velando, see velar
velar, to watch, guard
ven, see venir and ver
venadito, dim. of venado, little dear
vendad-o, -a, blindfolded
vendrás, see venir
venezolano, Venezuelan
venga, vengan, see venir
vengo, see venir
venir, to come; que venga, let come;

ven acá, come here
venta, shop, inn
ventana, window
ventura, fortune; por —, fortunately
veo, see ver
ver, to see; a —, let's see; por —,
  apparently; —se, to look at
verano, summer
veras: de —, truly
Verbo, word; Divino —, Jesus
verdad, f. truth; por —, truly; no es
  —, it is not true
vestidos, clothes
vetusta, old
vez, f. time; otra —; again; a veces,
  sometimes
vida, life; en mi —, never
viejo, old man
viene, vienen, see venir
viento, wind
vientre, m. womb
villancico, Christmas carol
Virgen, f. Virgin
virote, m. trick, practical joke
visita, visit, social call
visitante, visitor
visitar, to visit
víspera, eve
visto, p. p. ver
vileza, vileness, meanness
violeta, violet
vivir, to live
voces, f. voices
voluntad, f. will
volver, to return
vosotr-os, -as, you
voy, see ir
voz, f. voice
vuestr-o, -a, your

Y

y, and
ya, already, now, longer; — . . . —,
  either . . . or
yacer, to lie, be
yendo, see ir
yerba, grass
yo, I, me

Z

zamacueca-cueca, popular dance in Chile, Perú, Bolivia, the motif is usually a scarf or handkerchief carried by a girl

zambomba, drum (with the head pierced by a reed which when rubbed with the moistened hand produces a hoarse sound)

zambullir, to plunge, duck

zampoña, rustic musical instrument

zangón, large trench

zapato, shoe

zoológic-o, -a, zoological

NTC SPANISH CULTURAL AND LITERARY TEXTS AND MATERIAL

Contemporary Life and Culture
"En directo" desde España
Cartas de España
Voces de Puerto Rico
The Andean Region

Contemporary Culture—in English
Spain: Its People and Culture
Welcome to Spain
Life in a Spanish Town
Life in a Mexican Town
Spanish Sign Language
Looking at Spain Series

Cross-Cultural Awareness
Encuentros culturales
The Hispanic Way
The Spanish-Speaking World

Legends and History
Leyendas latinoamericanas
Leyendas de Puerto Rico
Leyendas de España
Leyendas mexicanas
Dos aventureros: De Soto y Coronado
Muchas facetas de México
Una mirada a España

Literary Adaptations
Don Quijote de la Mancha
El Cid
La Gitanilla
Tres novelas españolas
Dos novelas picarescas
Tres novelas latinoamericanas
Joyas de lectura
Cuentos de hoy
Lazarillo de Tormes
La Celestina
El Conde Lucanor
El burlador de Sevilla
Fuenteovejuna
Aventuras del ingenioso hidalgo
   Don Quijote de la Mancha

Civilization and Culture
Perspectivas culturales de España
Perspectivas culturales de Hispanoamérica

For further information or a current catalog, write:
National Textbook Company
a division of *NTC Publishing Group*
4255 West Touhy Avenue
Lincolnwood, Illinois 60646-1975 U.S.A.